아리가또

슈퍼 주니어일본어

2

Nihongo Factory

아리가또 슈퍼 주니어일본어 2

2009년 8월 24일 초판 1쇄 인쇄
2011년 3월 31일 초판 2쇄 발행

지은이 | 주니어일본어 연구회 (김영훈, 신재훈, 오카다 도모미, 전윤경, 박소영 외)
펴낸이 | 이종춘
펴낸곳 | 성안당
주 소 | 경기도 파주시 교하읍 문발리 출판문화정보산업단지 536-3
전 화 | 031-955-0511
팩 스 | 031-955-0510
등 록 | 1973. 2. 1. 제13-12호
홈페이지 | www.langfac.com
수신자부담 전화 | 080-544-0511
내용문의 | 02-3142-0037

ISBN 978-89-315-7413-5
정가 12,000원

이 책을 만든 사람들
기획 | 조병희
표지디자인 | Design Goods
본문디자인 · 삽화 | 오미영
홍보 | 박재언
제작 | 구본철

머리말

일본어는 우리 말과 어순이 같고 문법이 거의 같기 때문에 다른 외국어에 비해서 상대적으로 공부하기가 쉽습니다. 하지만 가르치는 선생님이나 교재에 따라서는 아주 재미있게 공부할 수도 있고, 반대로 흥미를 잃어버리게 될 수도 있습니다. 요즈음은 많은 중, 고등학생들이 인터넷을 통해서 일본에 대한 정보 및 지식을 얻고 있습니다. 그 중에서도 특히 일본 드라마나 애니메이션, 만화, 가요 등에 대해서 자세히 알고 있는 학생들도 많습니다. 다만, 이러한 대부분의 학생들이 독학으로 공부해서 잘못된 정보 또는 지식을 가지고 있거나 어느 수준에 도달하면 한계에 부딪혀서 더 이상 발전하지 못하는 안타까움이 있습니다. 일본어를 체계적으로 공부하면 자신의 관심 분야에 대해서 좀 더 정확하게 많은 정보를 얻을 수 있게 되고, 능숙하게 말할 수도 있게 됩니다.

본 교재는 학습자 여러분이 일본어를 보다 쉽게 이해할 수 있도록 많은 삽화를 넣었으며, 재미있고 자연스럽게 익힐 수 있도록 게임이나 퀴즈 문제 등 다양한 장치를 마련하였습니다. 본문은 실제 회화에 사용되고 응용 가능한 문장들로 구성하였고, 말 바꾸기 연습을 통해서 말하기 학습 능력을 최대화하도록 연구하였습니다. 그리고 연습 문제와 청취 문제를 통해서 학습한 내용을 테스트해 보고 점검할 수 있도록 하였습니다. 좀 더 열심히 공부하고 싶은 분들을 위해서는 일본의 기초 한자도 실었습니다. 그 밖에 일본의 중, 고등학생의 학교 생활과 여러 분야의 일본 문화를 소개함으로써 학습자 여러분이 일본을 보다 더 잘 아는 데에 도움이 되도록 하였습니다.

어학은 매일매일 거르지 않고 조금씩이라도 공부하는 꾸준한 노력이 따르지 않으면 능숙해지기 어렵습니다. 본 교재를 통해서 학습자 여러분이 일본어를 배우고 열심히 공부해서 장래에 일본어를 능숙하게 말할 수 있게 되고 또한 일본에 대해서 많이 알게 됨으로써 우리 나라와 일본이 보다 더 가까워질 수 있는 다리 역할을 해 주기를 바랍니다.

끝으로 본 교재 출판에 많은 도움을 주신 니혼고 팩토리 관계자 여러분께 깊은 감사 말씀 올립니다.

저자 일동

이 책의 구성 및 특징

이 책은 주니어용인만큼 일본어 기초학습에 도움이 되는 여러가지 교육기자재를 활용할 수 있는 것이 큰 특징입니다. 교육기자재로는 가타카나, 오디오CD, 본문동영상, 동사 카드가 있습니다. 일본어의 기본인 어휘, 문법, 문형, 회화, 듣기, 문화와 함께 재미있는 게임으로 흥미진진한 수업이 됩니다.

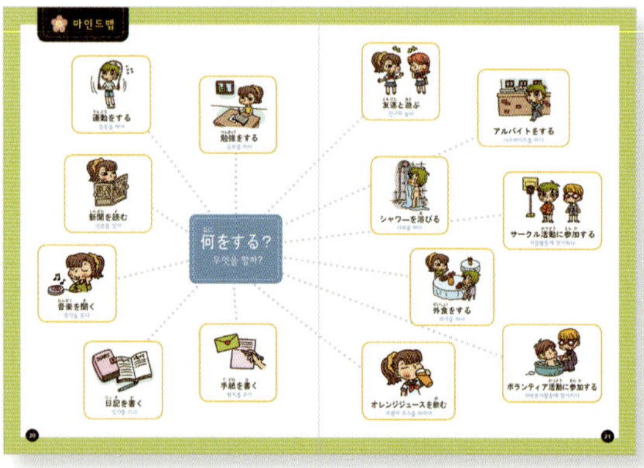

마인드맵

본문에서 배울 필수문형과 단어를 입체적인 마인드맵으로 학습할 수 있습니다.

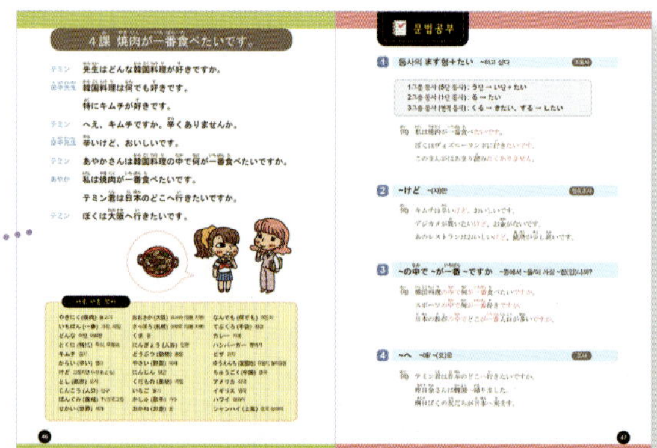

본문 · 단어 · 문법공부

본문을 공부하기 전에 새로 나온 단어를 먼저 학습합니다. 본문과 함께 기초문법을 쉽게 접근합니다. 본문은 오디오CD와 동영상 학습으로 보다 능률이 향상됩니다.

문형연습과 회화연습

문형의 반복학습과 회화연습으로 실전에 대비한 충분한 연습이 가능합니다.

별책부록 오디오CD 1매

연습문제와 듣기연습

배운 것을 연습하고, 듣기로 한 과를 마무리합니다.

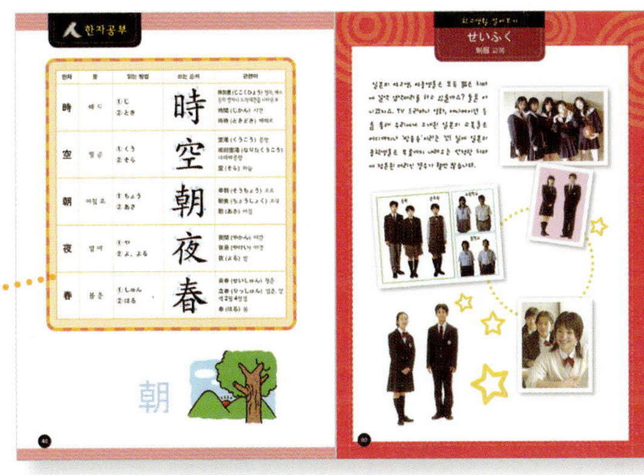

한자공부와 일본문화

요즘 학생들이 취약한 한자를 공부하여 일본어 학습에 능률을 높이며, 일본의 여러 가지 문화와 학교생활을 통하여 현지에서 바로 활동 가능하게 합니다.

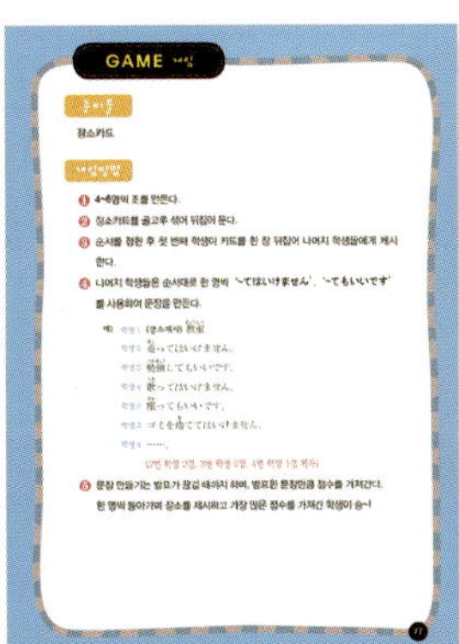

GAME 게임

배우긴 했지만 잊어버리기 쉬운 것이 언어인 만큼 친구들과 일본어 게임을 함으로써 뇌리에 박혀 평생 잊어버리지 않는 일본어 학습이 되게 합니다. 부록에 있는 카드도 활용하기 바랍니다.

오디오CD를 듣고 동영상(인터넷 무료)을 보면서 공부하시면 더욱 효과적입니다.

- 원어민 오디오 발음 (본문 | 회화연습 | 듣기연습)
- 본문 상황의 동영상 (본문)

목차

오디오 CD 목차

1과 毎朝何時に起きますか。

まい あさ なん じ / お

매일 아침 몇시에 일어납니까?

학습목표

- 동사의 특징, 종류 및 활용연습
  - (1) 2그룹동사(1단동사) 활용 및 사용법 익히기
  - (2) 2그룹동사의 「ます형」과 정중체의 현재형 (긍정형, 의문형, 부정형) 익히기
  - (3) 조사 「に」 용법 익히기
    - 1) 동작이 행해지는 [시점(시간)]

마인드맵

毎朝(まいあさ)

매일 아침

鏡(かがみ)を見(み)る

거울을 보다

シャワーを浴(あ)びる

샤워를 하다

歯(は)を磨(みが)く

이를 닦다

いただきます

잘먹겠습니다

ご飯(はん)を食(た)べる

밥을 먹다

牛乳(ぎゅうにゅう)を飲(の)む

우유를 마시다

パンを食(た)べる

빵을 먹다

お母(かあ)さん

어머니

早(はや)く起(お)きなさい

빨리 일어나세요

朝寝坊(あさねぼう)

늦잠

目覚(めざ)まし時計(どけい)

자명종 시계

起(お)きる

일어나다

遅刻(ちこく)

지각

日本語(にほんご)のテープを聞(き)く

일본어 테이프를 듣다

学校(がっこう)へ行(い)く

학교에 가다

いってきます

다녀오겠습니다

いっていらっしゃい

다녀오세요

1課(か) 毎朝何時(まいあさなんじ)に起(お)きますか。

あやか·テミン　先生(せんせい)、おはようございます。

佐藤先生(さとうせんせい)　ああ、おはよう。二人(ふたり)とも早(はや)いですね。

テミン君(くん)は毎朝何時(まいあさなんじ)に起(お)きますか。

テミン　6時(じ)ごろ起(お)きます。

佐藤先生(さとうせんせい)　朝(あさ)ごはんはちゃんと食(た)べますか。

テミン　はい、食(た)べます。

佐藤先生(さとうせんせい)　あやかさんは？

あやか　私(わたし)は食(た)べません。

佐藤先生(さとうせんせい)　えっ、何(なに)も食(た)べませんか。

あやか　はい。

佐藤先生(さとうせんせい)　大丈夫(だいじょうぶ)ですか。

あやか　はい、大丈夫(だいじょうぶ)です。

새로 나온 단어

まいあさ (毎朝) 매일 아침
おきる (起きる) 일어나다
さとう (佐藤) 일본인의 성
~ます ~합니다
ああ 아~ (감동사. 긍정이나 동의를 나타낼 때)
とも 모두, ~다 (접미어)
ごろ (頃) 경, 쯤, 무렵
たべる (食べる) 먹다
ちゃんと 분명히, 확실히
~ません ~지 않습니다 (ますの 부정형)
えっ 엣, 뭐라고, 어, 이크 (감동사. 놀라거나 의아해할 때 내는 소리)
だいじょうぶだ (大丈夫だ) 괜찮다
すてる (捨てる) 버리다
ゴミ 쓰레기
おしえる (教える) 가르치다
しめる (閉める) 닫다
~には ~에는
おもに (主に) 주로
~を ~을(를)

문법공부

동사의 종류

일본어 동사에는 1그룹 동사 (5단 동사), 2그룹 동사 (1단 동사), 3그룹 동사 (カ변격, サ변격 동사)가 있습니다. 1과에서는 2그룹 동사 (1단 동사)만을 설명하겠습니다.

2그룹 동사 (1단 동사) 끝 어미가 「る」로 끝나면서 바로 앞 글자가 「い단」 이나 「え단」 인 동사

예) おきる(일어나다), みる(보다), おしえる(가르치다), たべる(먹다), あける(열다) 등

동사의 ます형

동사의 ます형이란 일본어에서 동사의 정중체를 말합니다. 동사의 ます형의 어미 변화는 아래와 같이 암기하면 쉽습니다.

2그룹 동사 (1단 동사) : る → ます

예) 2그룹 동사

いる(있다)	見る(보다)	食べる(먹다)	寝る(자다)
ます(있습니다)	ます(봅니다)	ます(먹습니다)	ます(잡니다)

1 동사의 ます체 (1)

정중체	현재	긍정형	＿＿＿＿ます。	~ㅂ(습)니다.
		의문형	＿＿＿＿ますか。	~ㅂ(습)니까?
		부정형	＿＿＿＿ません。	~지 않습니다.

例) 私は朝６時ごろ起きます。

朝ご飯は食べますか。

いいえ、何も食べません。

2 ~に (시간) ~에 조사

例) 毎朝何時に起きますか。

私は夜11時に寝ます。

ぼくは夜9時にスポーツニュースを見ます。

문형연습

다음과 같이 말해 볼까요?

1. 何(なに)を<u>食(た)べますか</u>。
①

<u>りんご</u>を<u>食(た)べます</u>。
② ③

例)

1) 見(み)る
ドラマ | 見(み)る

2) 捨(す)てる
ゴミ | 捨(す)てる

3) 教(おし)える
日本語(にほんご) | 教(おし)える

2. <u>お菓子(かし)</u>、<u>食(た)べますか</u>。
① ②

<u>いいえ</u>、<u>食(た)べません</u>。
③ ④

例)

1) テレビ | 見(み)る
いいえ | 見(み)る

2) この新聞(しんぶん) | 捨(す)てる
はい | 捨(す)てる

3) 山田(やまだ)さん | いる
いいえ | いる

3. <u>テミン君(くん)</u>は何時(なんじ)に<u>起(お)きますか</u>。
① ②

<u>朝(あさ)6時(じ)</u>に<u>起(お)きます</u>。
③ ④

例)

1) 朝(あさ)ごはん | 食(た)べる
朝(あさ)7時(じ) | 食(た)べる

2) 図書館(としょかん) | 閉(し)める
夜(よる)10時(じ) | 閉(し)める

3) 映画(えいが) | 見(み)る
午後(ごご)4時(じ) | 見(み)る

회화연습

다음 그림을 보고 보기와 같이 질문에 답해 보세요.

1) 보기 何(なに)を食(た)べますか。

りんごを食(た)べます。

답 何(なに)を＿＿＿＿＿＿＿か。

＿＿＿＿＿を＿＿＿＿＿＿。

2) 보기 テミン君(くん)は何時(なんじ)に起(お)きますか。

朝(あさ)6時(じ)に起(お)きます。

답 テミン君(くん)は何時(なんじ)に＿＿＿＿＿＿＿＿か。

＿＿＿＿＿に＿＿＿＿＿＿＿。

연습문제

1. 다음 문장의 밑줄 친 부분을 아래 예문과 같이 바꾸어 보세요.

예문 朝(あさ)ごはんを 食(た)べる → (食(た)べます)

1) テレビを見(み)る → (　　　　　　　　)

2) ゴミを捨(す)てる → (　　　　　　　　)

3) 10時(じ)に寝(ね)る → (　　　　　　　　)

2. 다음 문장을 정중체 현재형으로 보기에서 골라 완성하세요.

보기 起(お)きます。　食(た)べません。　見(み)ますか。　食(た)べますか。

1) 私(わたし)は朝(あさ)6時(じ)に (　　　　　　　　)。
나는 아침 6시에 일어납니다.

2) 佐藤(さとう)さんは朝(あさ)ごはんを(　　　　　　　　)。
사토상은 아침을 먹습니까?

3) いいえ、(　　　　　　　　)。
아니요, 먹지 않습니다.

4) あやかさんは毎日(まいにち)テレビを(　　　　　　　　)。
あやか상은 매일 텔레비전을 봅니까?

3. 다음 주어진 단어를 이용하여 우리말을 일본어 정중체로 바꾸어 보세요.

예문 몇시에 일어납니까? (何時(なんじ)、起(お)きる、に)
→ 何時(なんじ)に起(お)きますか。

1) 아침은 주로 빵을 먹습니다. (パン、朝(あさ)、を、食(た)べる、は、主(おも)に)

→ ____。

2) 나는 밤 10시에 잡니다. (寝(ね)る、わたしは、夜(よる)、１０時(じ)に)

→ ____。

듣기연습

1. 다음 대화를 잘 듣고 내용과 일치하는 시각을 선으로 연결하세요.

(1)

(2)

(3)

(4)

6時(じ)	7時(じ)	9時(じ)	10時(じ)	11時(じ)

2. 다음 대화를 잘 듣고 아침에 무엇을 먹는지 선으로 연결하세요.

(1) あやか

(2) テミン

(3) 田中先生(たなかせんせい)

(a)

(b)

(c)

(d)

한자공부

한자	뜻	읽는 방법	쓰는 순서	관련어
左	왼 좌	① さ ② ひだり	左	左右 (さゆう) 좌우 左利き (ひだりきき) 왼손잡이 左 (ひだり) 왼쪽
右	오른 우	① う、ゆう ② みぎ	右	右折 (うせつ) 우회전 右手 (みぎて) 오른손 右 (みぎ) 오른쪽
食	먹을 식	① しょく、しき ② たべる、くう	食	食事 (しょくじ) 식사 食べ物 (たべもの) 음식 食べる (たべる) 먹다
飲	마실 음	① いん ② のむ	飲	飲料水 (いんりょうすい) 마시는 물 飲み物 (のみもの) 음료수 飲む (のむ) 마시다
東	동녘 동	① とう ② ひがし	東	東西南北 (とうざいなんぼく) 동서남북 東京(とうきょう) 도쿄(일본의 수도) 東 (ひがし) 동쪽

GAME 게임

준비물

동사 그림카드, 동사 글자카드

게임방법

1. 4~6명씩 조를 만든다.
2. 각 조에서는 그림 카드와 글자 카드를 준비하고 골고루 섞어 똑같이 나눈다.
3. 자신이 받은 카드 중에서 글자 카드와 그림카드가 일치하는 것이 있으면 짝을 지어 책상 위에 내려 놓는다.
4. 짝이 되는 카드를 모두 골라낸 후, 짝이 없는 나머지 카드를 쥐고 게임을 시작한다.
5. 다같이 '하나, 둘, 셋~!' 이라는 외침과 동시에 자신의 왼쪽에 있는 친구의 카드 중에 한 장을 뽑아 온다.
6. 이 때 가져온 카드가 내가 가진 카드와 짝을 이룰 경우 한 쌍의 카드를 책상 위에 내려놓고, 짝을 이루지 못하면 다시 한번 왼쪽의 친구에게서 카드를 일제히 가져온다.
7. 카드 가져오기를 반복하여, 가진 카드를 가장 먼저 내려 놓는 학생이 승~!

がっこうせいかつ
学校生活 학교생활

일본의 중학교 생활은 우리와 비슷한 점도 많고 의외로 다른 점도 있습니다. 우선 새로운 학년이 4월에 시작해서 이듬해 3월에 끝난다는 점이 우리와 조금 다르죠?
일본의 중학생들은 1년을 어떻게 보낼까요?

전기		후기	
4月	입학식, 신입생 환영회, 신체검사, 학생회 선거	10月	운동회, 중간고사
5月	봄소풍, 중간고사, 수학여행	11月	문화제
6月	학부모 참관수업, 가정방문, 학생회 선거	12月	기말고사, 겨울방학 시작
7月	기말고사, 여름방학 시작	1月	개학, 마라톤대회
8月	방학중 클럽활동	2月	고등학교 입시, 학년말 시험
9月	개학, 가을소풍	3月	졸업식, 봄방학 시작

2과

昨日(きのう)、何(なに)をしましたか。

어제 무엇을 했습니까?

학습목표

동사의 특징과 종류 학습

(1) 1그룹동사(5단동사)의 활용 및 사용법 익히기

(2) 1그룹동사의 「ます형」과 정중체의 과거 긍정형, 과거 의문형, 과거 부정형 학습

마인드맵

何(なに)をする？
무엇을 할까?

運動(うんどう)をする
운동을 하다

勉強(べんきょう)をする
공부를 하다

新聞(しんぶん)を読(よ)む
신문을 읽다

音楽(おんがく)を聞(き)く
음악을 듣다

日記(にっき)を書(か)く
일기를 쓰다

手紙(てがみ)を書(か)く
편지를 쓰다

友達(ともだち)と遊(あそ)ぶ
친구와 놀다

アルバイトをする
아르바이트를 하다

サークル活動(かつどう)に参加(さんか)する
서클활동에 참가하다

外食(がいしょく)をする
외식을 하다

ボランティア活動(かつどう)に参加(さんか)する
자원봉사활동에 참가하다

オレンジジュースを飲(の)む
오렌지 주스를 마시다

2課 昨日、何をしましたか。

テミン	あやかさん、昨日、何をしましたか。
あやか	家で友だちとまんがを読みました。
テミン	まんがはおもしろかったですか。
あやか	はい、とてもおもしろかったです。 テミン君は何をしましたか。
テミン	公園でケンジ君と遊びました。
あやか	日本語の勉強はしましたか。
テミン	いいえ、しませんでした。 へへへ……。

새로 나온 단어

~しましたか ~했습니까? 〈しますか(합니까?)의 과거형〉
いえ (家) 집
~で ~에서(장소를 나타냄)
まんが (漫画) 만화
よみました (読みました) 읽었습니다.
〈よむ(読む/읽다)의 정중체 과거형〉
おもしろかったですか (面白かったですか)
재미있었습니까? 〈おもしろい(面白い/재미있다)의 정중체 과거 의문형〉
こうえん (公園) 공원
あそびました (遊びました) 놀았습니다
〈あそぶ(遊ぶ/놀다)의 정중체 과거형〉
べんきょう (勉強) 공부
~と (동작을 같이하는 사람이나 동물) ~와/~과
ほんや (本屋) 서점, 책방
さんぽ (散歩) 산보, 산책
て (手) 손
あし (足) 발
てがみ (手紙) 편지
こうはい (後輩) 후배
まつ (待つ) 기다리다
みる (見る) 보다
たべる (食べる) 먹다
いく(行く) 가다
あそぶ (遊ぶ) 놀다
あらう (洗う) 씻다
かう (買う) 사다
のむ (飲む) 마시다
アニメ 애니메이션, 동화 (アニメーション의 준말)

문법공부

동사의 종류

2과에서는 1그룹 동사(5단 동사)와 3그룹 동사(カ변격, サ변격 동사)에 관해서 설명하겠습니다.

1그룹 동사 (5단 동사)

❶ 끝 어미가 「る」로 끝나지 않는 동사

예) あう(만나다), かく(쓰다), はなす(말하다), まつ(기다리다), しぬ(죽다), あそぶ(놀다), よむ(읽다) 등

❷ 끝 어미가 「る」로 끝나면서 바로 앞 글자가 「あ단」이나 「う단」, 「お단」 인 동사

예) ある(있다), わかる(알다), うる(팔다), おくる(보내다), のる(타다), まもる(지키다) 등

3그룹 동사 (변격 동사) : 3그룹에 속하는 동사는 する(하다), くる(오다) 밖에 없으나 이 동사들은 어미 변화가 불규칙적이기 때문에 주의해야 합니다.

주의 다음과 같은 동사들은 예외적으로 1그룹 동사 (5단 동사)이기 때문에 반드시 암기해야 합니다.

예) い(要)る 필요하다　はい(入)る 들어가(오)다　き(切)る 자르다, 썰다　し(知)る 알다

かえ(帰)る 돌아가(오)다　け(蹴)る (공을) 차다　はし(走)る 달리다　へ(減)る 줄어 들다, 감소하다

동사의 ます형

동사의 ます형이란 일본어에서 동사의 정중체를 말합니다. 동사의 ます형의 어미 변화는 아래와 같이 암기하면 쉽습니다.

> 1그룹 동사 (5단 동사) : う단 → い단 + ます
> 3그룹 동사 (변격 동사) : くる → きます、する → します

예) 1그룹 동사

買(か)う(사다) います(삽니다)	書(か)く(쓰다) きます(씁니다)	話(はな)す(말하다) します(말합니다)	待(ま)つ(기다리다) ちます(기다립니다)	
死(し)ぬ(죽다) にます(죽습니다)	遊(あそ)ぶ(놀다) びます(놉니다)	読(よ)む(읽다) みます(읽습니다)	ある(있다) ります(있습니다)	送(おく)る(보내다) ります(보냅니다)

1 동사의 ます체 (2)

정중체	과거	긍정형	＿＿＿＿ました。	~었/았습니다.
		의문형	＿＿＿＿ましたか。	~었/았습니까?
		부정형	＿＿＿＿ませんでした。	~지 않았습니다.

例(れい)) 家(いえ)でまんがを読(よ)みました。 | 家(いえ)でまんがを読(よ)みましたか。

家(いえ)でまんがを読(よ)みませんでした。

2 ~で (장소) ~에서 　조사

例(れい)) 図書館(としょかん)で日本語(にほんご)の勉強(べんきょう)をしました。 | レストランでコーヒーを飲(の)みました。

どこでくつを買(か)いましたか。

3 ~と (동작을 같이 하는 사람, 동물) ~와/과, ~하고 　조사

例(れい)) 家(いえ)で友(とも)だちとまんがを読(よ)みました。 | 公園(こうえん)でうちの犬(いぬ)と遊(あそ)びました。

昨日(きのう)、映画館(えいがかん)で姉(あね)といっしょに映画(えいが)を見(み)ました。

문형연습

다음과 같이 말해 볼까요?

1. 昨日(きのう)、何(なに)をしましたか。

家(いえ)①でまんが②を読(よ)みました③。

例)

1) 
学校(がっこう) | 勉強(べんきょう)
する

2) 
本屋(ほんや) | 本(ほん)
買(か)う

3) 
公園(こうえん) | 散歩(さんぽ)
する

2. 日本語(にほんご)の勉強(べんきょう)①はしましたか②。

いいえ、しませんでした③。

例)

1) 
朝(あさ)ごはん | 食(た)べる
食(た)べる

2) 
手(て) | 洗(あら)う
洗(あら)う

3) 
手紙(てがみ) | 書(か)く
書(か)く

3. だれといっしょに映画(えいが)①を見(み)ましたか②。

友(とも)だち③といっしょに映画(えいが)①を見(み)ました②。

例)

1) 
コーラ | 飲(の)む
後輩(こうはい)

2) 
友(とも)だち | 待(ま)つ
妹(いもうと)

3) 
ごはん | 食(た)べる
先生(せんせい)

회화연습

다음 그림을 보고 보기와 같이 질문에 답해 보세요.

1) 보기 昨日(きのう)、何(なに)をしましたか。

図書館(としょかん)で日本語(にほんご)の勉強(べんきょう)をしました。

답 __________で___________を_____________。

2) 보기 だれといっしょに映画(えいが)を見(み)ましたか。

友(とも)だちといっしょに映画(えいが)を見(み)ました。

답 だれといっしょに______を____________か。

_______といっしょに______を___________。

연습문제

1. 다음 단어를 정중체 과거형 및 정중체 과거부정형으로 고쳐보세요.

예문 見(み)る (見(み)ました) (見(み)ませんでした)
보다 보았습니다 보지 않았습니다

1) 食(た)べる ( ) ( )
먹다 먹었습니다 먹지 않았습니다

2) 買(か)う ( ) ( )
사다 샀습니다 사지 않았습니다

3) 行(い)く ( ) ( )
가다 갔습니다 가지 않았습니다

4) 待(ま)つ ( ) ( )
기다리다 기다렸습니다 기다리지 않았습니다

5) 洗(あら)う ( ) ( )
씻다 씻었습니다 씻지 않았습니다

2. 다음 우리말에 맞도록 빈칸에 알맞은 말을 쓰세요.

1) あやかさん、昨日(きのう)どこ [ ] まんがを見(み)ましたか。

아야까상, 어제 어디에서 만화를 보았습니까?

2) 公園(こうえん)で 友達(ともだち) [ ] 遊(あそ)びました。 공원에서 친구와 놀았습니다.

3. 다음 문장에 들어갈 올바른 말을 고르세요.

1) A : あやちゃん、昨日(きのう)の映画(えいが)どうでしたか。

B : とても________________。

(a) おもしろくでした (b) おもしろいかったです

(c) おもしろくです (d) おもしろかったです

2) 昨日(きのう)めいちゃんとレストランでコーヒーを__________。

(a) みました (b) かいました

(c) のみました (d) よみました

듣기연습

1. 대화를 잘 듣고 아야카상이 지난 일요일에 한 내용에 ○, 하지 않은 내용에는 ×를 쓰세요.

(1) (　　　　　　)

(2) (　　　　　　)

(3) (　　　　　　)

(4) (　　　　　　)

(5) (　　　　　　)

(6) (　　　　　　)

(7) (　　　　　　)

(8) (　　　　　　)

(9) (　　　　　　)

2. 대화를 듣고 질문의 답을 그림에서 선택하세요..

(1) テミン君(くん)は昨日(きのう)何(なに)を勉強(べんきょう)しましたか。 (　　　　　　)

(a)

(b)

(c)

(2) あやかさんとテミン君(くん)は本屋(ほんや)で何(なに)を買(か)いましたか。

あやか ⇒ (　　　　　　)　テミン君(くん) ⇒ (　　　　　　)

(a)

(b)

(c)

※ 小説(しょうせつ) 소설

한자공부

한자	뜻	읽는 방법	쓰는 순서	관련어
西	서녘 서	① せい、さい ② にし	西	西洋 (せいよう) 서양 西 (にし) 서쪽 関西 (かんさい) 간사이 (일본의 관서지방)
南	남녘 남	① なん ② みなみ	南	南北 (なんぼく) 남북 南北統一 (なんぼくとういつ) 남북통일 南 (みなみ) 남쪽
北	북녘 북	① ほく、ほっ ② きた	北	北海道 (ほっかいどう) 북해도 도청소재지가 눈 축제 등으로 유명한 さっぽろし(市)이고, 일본열도 최북단에 위치한 섬 東北 (とうほく) 동북 北 (きた) 북쪽
古	옛 고	① こ ② ふるい	古	古代 (こだい) 고대 古本 (ふるほん) 헌 책 =古書 (こしょ) 고서 古い (ふるい) 낡다
今	이제 금	① こん ② いま	今	今度 (こんど) 다음 今 (いま) 지금 今日 (きょう) 오늘

GAME 게임

준비물

동사 글자 카드

게임방법

1. 4~6명씩 조를 만든다.
2. 동사카드를 골고루 섞은 후 책상 위에 뒤집어 쌓아둔다.
3. 순서를 정하여 한 장씩 카드를 뒤집는다.
4. 뒤집은 동사를 읽고 동사의 종류를 정확히 구분하고 지시에 따른다.

   ⇒ 2그룹동사[1단 동사]가 나오면
   본인이 가진 카드를 모두 책상 위로 내놓는다.

   ⇒ 1그룹동사[5단 동사]가 나오면
   카드를 본인이 가져간다.

   ⇒ 3그룹동사[변격 동사]가 나오면
   다른 학생이 가진 카드와 책상 위에 쌓인 카드를 모두 가져간다.

   ⇒ 예외 1그룹동사가 나오면
   책상 위에 쌓여 있는 카드를 모두 가져간다.

5. 마지막까지 카드를 뒤집어 가장 많은 카드를 가져간 학생이 승~!

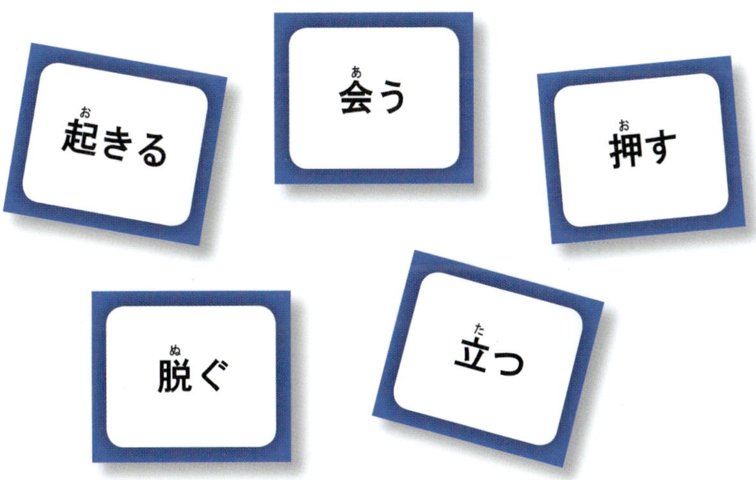

にゅうがくしき
入学式 입학식

해마다 4월이 되면 벚꽃이 활짝 핀 가운데 입학식이 열립니다. 1학년에 입학한 신입생들을 위한 행사이지요.

일본에서는 초등학교를 '소학교(小学校(しょうがっこう))'라고 하는데요, 소학교를 졸업하고 중학교 교복을 입은 1학년들은 설레는 마음으로 입학식에 참석합니다.

입학식 풍경을 살펴볼까요?

설레임으로 가득한 입학식

긴장된 모습들

중학교 생활을 향한
힘찬 첫걸음

선배들의 연주에 숙연해집니다

기악부의 연주

새로운 반 발표!!

교장선생님 말씀은 짧을수록 좋지요?

담임선생님 소개의 시간

3과

この辺(へん)に本屋(ほんや)はありますか。

이 주변에 서점은 있습니까?

학습목표

- 존재를 나타내는 동사「いる·います」「ある·あります」학습
- 「장소 + に」형태로 존재문의 문형 익히기
  - (1)「(장소) に (사람, 동물) が います」
  「(사람, 동물) は (장소) にいます」
  - (2)「(장소) に (물건) が あります」
  「(물건) は (장소) に あります」

마인드맵

部屋(へや)の中(なか)にいます。

子犬(こいぬ)は
どこにいますか。

ねこは
どこにいますか。

ベッドの上(うえ)にいます。

郵便局(ゆうびんきょく)は
どこにありますか。

あそこに白(しろ)い建物(たてもの)が見(み)えますね。
そのとなりです。

この辺(へん)に本屋(ほんや)は
ありますか。

この辺(へん)にはありませんが、
駅(えき)の近(ちか)くにあります。

3課　この辺に本屋はありますか。

テミン　すみません。郵便局はどこにありますか。

通行人　郵便局ですか。あそこに白い建物が見えますね。

テミン　はい。

通行人　そのとなりです。

テミン　それから、この辺に本屋はありますか。

通行人　この辺にはありませんが、駅の近くにありますよ。

テミン　そうですか。どうもありがとうございます。

通行人　いいえ、どういたしまして。

새로 나온 단어

ゆうびんきょく(郵便局) 우체국	うさぎ 토끼
しろい (白い) 하얗다	つくえ (机) 책상
たてもの (建物) 건물	つうこうにん (通行人) 행인, 지나가는 사람
みえる (見える) 보이다	ひきだし (引き出し) 서랍
このへん (この辺) 이 근처	テーブル 테이블
えき (駅) 역	こくばん (黒板) 칠판
ちかく(近く) 근처	だいどころ (台所) 부엌
けしゴム (消しゴム) 지우개	ねこ (猫) 고양이
こいぬ (子犬) 강아지	ぶんぼうぐや (文房具屋) 문구점
ベッド (bed) 침대, 베드	スーパー 슈퍼마켓
ぎんこう (銀行) 은행	かど (角) 모퉁이
びょういん (病院) 병원	みち (道) 길

문법공부

1 ~に (장소) ~에 조사

例(れい)) この辺(へん)に本屋(ほんや)はありますか。
郵便局(ゆうびんきょく)は銀行(ぎんこう)のとなりにあります。
机(つくえ)の上(うえ)に本(ほん)があります。

2 ある(사물, 식물)・いる(사람, 동물) 있다 동사

있습니다	없습니다	있었습니다	없었습니다
あります	ありません	ありました	ありませんでした
います	いません	いました	いませんでした

例(れい)) 机(つくえ)の上(うえ)に消(け)しゴムがあります。
かばんの中(なか)には何(なに)もありません。
子犬(こいぬ)はベッドの横(よこ)にいます。
山田(やまだ)さんは教室(きょうしつ)にいました。

上(うえ)
위

中(なか)
가운데, 안

下(した)
아래, 밑

前(まえ)
앞

後(うし)ろ
뒤

左(ひだり)
왼쪽

右(みぎ)
오른쪽

横(よこ)
옆

隣(となり)
옆

近(ちか)く
근처, 가까이

문형연습

다음과 같이 말해 볼까요?

1. 郵便局(ゆうびんきょく)はどこにありますか。
①

銀行(ぎんこう)のとなりにあります。
②

例)

1) 日本語(にほんご)の本(ほん)
引(ひ)き出(だ)しの中(なか)

2) 雑誌(ざっし)
テーブルの下(した)

3) 消(け)しゴム
机(つくえ)の上(うえ)

2. 子犬(こいぬ)はどこにいますか。
①

ベッドの横(よこ)にいます。
②

例)

1) 先生(せんせい)
黒板(こくばん)の前(まえ)

2) 猫(ねこ)
車(くるま)の後(うし)ろ

3) お母(かあ)さん
台所(だいどころ)

3. この辺(へん)に本屋(ほんや)はありますか。
①

駅(えき)の近(ちか)くにあります。
②

例)

1) 交番(こうばん)
あのビルのとなり

2) 文房具屋(ぶんぼうぐや)
学校(がっこう)の前(まえ)

3) スーパー
あの道(みち)の角(かど)

회화연습

다음 그림을 보고 보기와 같이 말해 보세요.

1) 보기 郵便局(ゆうびんきょく)はどこにありますか。

銀行(ぎんこう)のとなりにあります。

답 ________はどこにありますか。

________の________にあります。

2) 보기 子犬(こいぬ)はどこにいますか。

ベッドの横(よこ)にいます。

답 ________はどこにいますか。

________の________にいます。

연습문제

1. 아래 보기 그림을 보고 예와 같이 말해보세요.

보기

本屋(ほんや) | 銀行(ぎんこう)

예) A: この辺(へん)に本屋(ほんや)がありますか。

B: 銀行(ぎんこう)のとなりに本屋(ほんや)があります。

1)

病院(びょういん) | 駅(えき)

A: この辺(へん)に__________がありますか。

B: ______のとなりに_________があります。

2)

本屋(ほんや) | 学校(がっこう)

A: この辺(へん)に__________がありますか。

B: ________のとなりに_______があります。

2. 아래 그림의 단어를 보고 존재표현을 연습해 보세요.

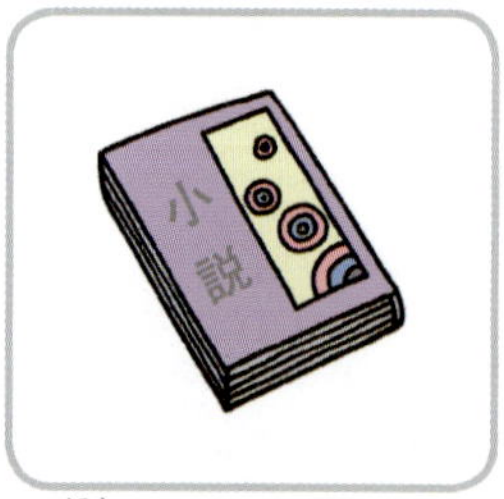

1) ウサギが______。 2) 本(ほん)が__________。 3) 先生(せんせい)が________。 4) 机(つくえ)が_________。

듣기연습

1. 다음 대화를 듣고 그림과 맞으면 ○, 틀리면 ×를 쓰세요.

(1) (　　　　) (2) (　　　　) (3) (　　　　) (4) (　　　　) (5) (　　　　)

2. 다음 대화를 잘 듣고 그림에서 선택하세요.

(1) (　　　　　　)

(2) (　　　　　　)

(3) (　　　　　　)

(4) (　　　　　　)

한자	뜻	읽는 방법	쓰는 순서	관련어
時	때 시	① じ ② とき	時	時刻表 (じこくひょう) 열차, 버스 등의 발차나 도착시간을 나타낸 표 時間 (じかん) 시간 時時 (ときどき) 때때로
空	빌 공	① くう ② そら	空	空港 (くうこう) 공항 成田空港 (なりたくうこう) 나리타공항 空 (そら) 하늘
朝	아침 조	① ちょう ② あさ	朝	早朝 (そうちょう) 조조 朝食 (ちょうしょく) 조식 朝 (あさ) 아침
夜	밤 야	① や ② よ、よる	夜	夜間 (やかん) 야간 夜景 (やけい) 야경 夜 (よる) 밤
春	봄 춘	① しゅん ② はる	春	青春 (せいしゅん) 청춘 立春 (りっしゅん) 입춘, 양력 2월 4일경 春 (はる) 봄

朝

GAME 게임

게임방법

1. 조를 4~8명 정도로 나눈다.
2. 각 조의 대표가 한 명씩 나온다.
3. 선생님이 上(うえ), 下(した), 前(まえ), 後(うし)ろ, 左(ひだり), 右(みぎ) 방향 중 한 방향을 말하면 손으로 그 방향을 가리킨다.
4. 한 학생 당 3~5번을 실시하여 정확히 가리킨 조에게 점수를 준다.
5. 나머지 조원들이 모두 겨루어 가장 많은 점수를 받은 조가 승~!

게임응용

위치 가리킬 때 홍기, 백기 준비하여 게임을 해도 좋다.

じかんわり

時間割 시간표

일본의 중학교 필수과목은 국어(일본어), 수학, 사회, 자연, 음악, 미술, 보건체육, 기술가정입니다. 우리나라와 거의 비슷하지요? 여기에 추가적으로 외국어(영어)나 도덕 등의 과목이 들어갑니다. 그 밖에도 다양한 체험을 할 수 있는 종합학습 시간이 추가되거나 선택교과가 따로 마련된 학교도 있습니다.

교실에 붙어있는 시간표 모습을 잠깐 살펴볼까요?

소학교(초등학교)

중학교

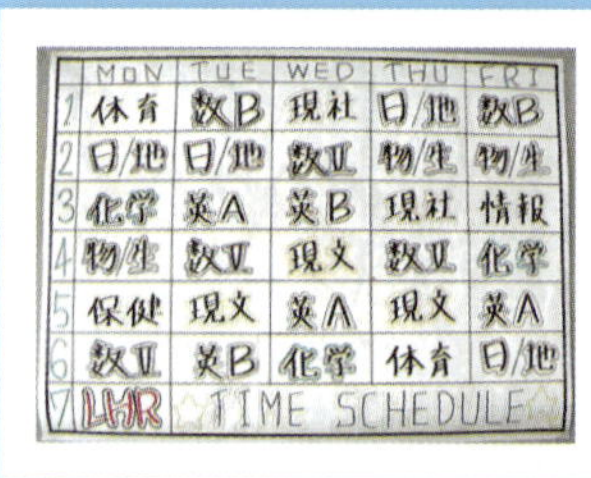

고등학교

그리고 교실 밖에서 하는 특별활동도 다양하게 마련되어 있습니다. 학급활동, 학생회활동, 클럽활동, 학교행사 등으로 나누어 볼 수 있는데요, 우리나라에 비해서 클럽활동이 활발한 편입니다. 축구부, 농구부, 미술반 등 방과 후에는 대부분의 학생들이 각자의 클럽활동을 즐기고는 합니다.

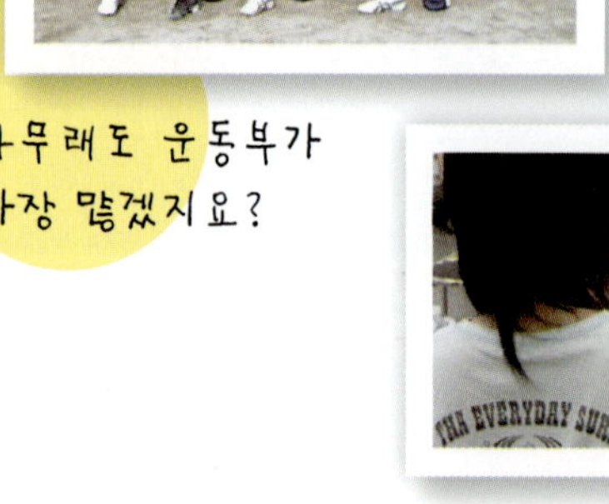

아무래도 운동부가 가장 많겠지요?

기악반 등 음악부도 꽤나 본격적입니다

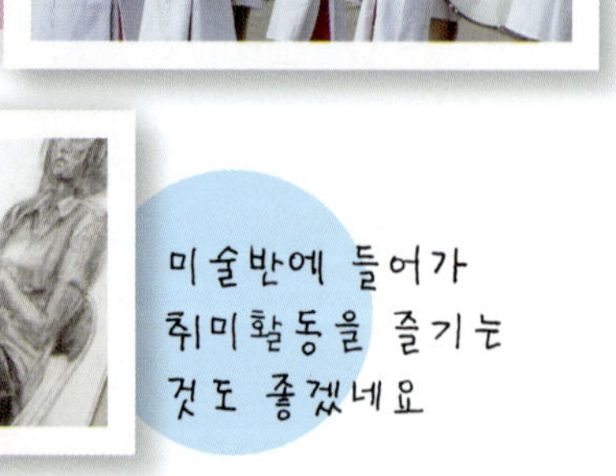

미술반에 들어가 취미활동을 즐기는 것도 좋겠네요

4과

焼肉(やきにく)が一番(いちばん)食(た)べたいです。

불고기를 가장 먹고 싶습니다

학습목표

- 1, 2인칭의 희망·욕구표현의 [~たい] 용법 학습
- 비교의 문형
  [~中(なか)で～が～一番(いちばん)好(す)きですか] : 3가지 이상의 사물을 비교 선택할 때
- 역접의 접속조사「けれども、けど」와 방향을 나타내는 조사「~へ」학습

마인드맵

韓国料理の中で何が一番食べたいですか。

キムチ

ビビンパ

焼肉

日本のどこへ行きたいですか。

4課 焼肉が一番食べたいです。

テミン　先生はどんな韓国料理が好きですか。

田中先生　韓国料理は何でも好きです。

特にキムチが好きです。

テミン　へえ、キムチですか。辛くありませんか。

田中先生　辛いけど、おいしいです。

テミン　あやかさんは韓国料理の中で何が一番食べたいですか。

あやか　私は焼肉が一番食べたいです。

テミン君は日本のどこへ行きたいですか。

テミン　ぼくは大阪へ行きたいです。

새로 나온 단어

やきにく(焼肉) 불고기
いちばん (一番) 가장, 제일
どんな 어떤, 어떠한
とくに (特に) 특히, 특별히
キムチ 김치
からい (辛い) 맵다
けど 그렇지만 (=けれども)
とし (都市) 도시
じんこう (人口) 인구
ばんぐみ (番組) TV프로그램
せかい (世界) 세계

おおさか (大阪) 오사카 (일본 지명)
さっぽろ (札幌) 삿포로 (일본 지명)
くま 곰
にんぎょう (人形) 인형
どうぶつ (動物) 동물
やさい (野菜) 야채
にんじん 당근
くだもの (果物) 과일
いちご 딸기
かしゅ (歌手) 가수
おかね (お金) 돈

なんでも (何でも) 뭐든지
てぶくろ (手袋) 장갑
カレー 카레
ハンバーガー 햄버거
ピザ 피자
ゆうえんち (遊園地) 유원지, 놀이공원
ちゅうごく(中国) 중국
アメリカ 미국
イギリス 영국
ハワイ 하와이
シャンハイ (上海) 중국 상하이

문법공부

1 동사의 ます형＋たい ~하고 싶다 조동사

1그룹 동사 (5단 동사) : う단 → い단 + たい
2그룹 동사 (1단 동사) : る → たい
3그룹 동사 (변격 동사) : くる → きたい、する → したい

例(れい)) 私(わたし)は焼肉(やきにく)が一番(いちばん)食(た)べたいです。
ぼくはディズニーランドに行(い)きたいです。
このまんがはあまり読(よ)みたくありません。

2 ~けど ~(지)만 접속조사

例(れい)) キムチは辛(から)いけど、おいしいです。
デジカメが買(か)いたいけど、お金(かね)がないです。
あのレストランはおいしいけど、値段(ねだん)が少(すこ)し高(たか)いです。

3 ~の中(なか)で ~が一番(いちばん) ~ですか ~중에서 ~을/이 가장 ~합(입)니까?

例(れい)) 韓国料理(かんこくりょうり)の中(なか)で何(なに)が一番(いちばん)食(た)べたいですか。
スポーツの中(なか)で何(なに)が一番(いちばん)好(す)きですか。
日本(にほん)の都市(とし)の中(なか)でどこが一番(いちばん)人口(じんこう)が多(おお)いですか。

4 ~へ ~에/ ~(으)로 조사

例(れい)) テミン君(くん)は日本(にほん)のどこへ行(い)きたいですか。
昨日(きのう)金(キム)さんは韓国(かんこく)へ帰(かえ)りました。
明日(あした)ぼくの友(とも)だちが日本(にほん)へ来(き)ます。

문형연습

다음과 같이 말해 볼까요?

1. <u>先生</u>はどんな<u>韓国料理</u>が好きですか。
①　②

<u>韓国料理</u>は何でも好きです。
②

例)

1) あやかさん　音楽

2) テミン君　スポーツ

3) 佐藤さん　アニメ

2. <u>韓国料理</u>の中で何が一番<u>食べたい</u>ですか。
①　②

<u>焼肉</u>が一番<u>食べたい</u>です。
③　②

例)

1) 飲み物、飲む　コーラ

2) 外国語、勉強する　日本語

3) テレビ番組、見る　ドラマ

3. <u>日本</u>のどこへ行きたいですか。
①

<u>大阪</u>へ行きたいです。
②

例)

1) 世界　イギリス

2) 中国　上海

3) アメリカ　ハワイ

회화연습

그림을 보고 다음 보기와 같이 말해 보세요.

1) 보기 何(なに)が買(か)いたいですか。

かわいい人形(にんぎょう)

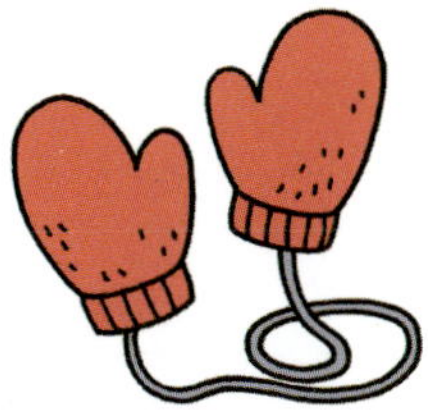
赤(あか)い手袋(てぶくろ)

青(あお)いかばん

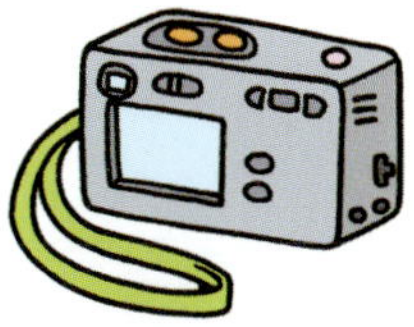
デジカメ

2) 何(なに)が食(た)べたいですか。

とんカツ

カレー

ハンバーガー

ピザ

3) どこへ行(い)きたいですか。

山(やま)

海(うみ)

遊園地(ゆうえんち)

デパート

연습문제

1. 아래 보기 그림을 보고 예와 같이 말해보세요.

映画(えいが)を見(み)る

예) A: 何(なに)がしたいですか。

B: 映画(えいが)が見(み)たいです。

1)

テレビを見(み)る

A : 何(なに)がしたいですか。

B : ＿＿＿＿＿が＿＿＿＿です。

2)

本(ほん)を読(よ)む

A : 何(なに)がしたいですか。

B : ＿＿＿＿＿が＿＿＿＿です。

3)

人形(にんぎょう)を買(か)う

A : 何(なに)がしたいですか。

B : ＿＿＿＿＿が＿＿＿＿です。

4)

うどんを食(た)べる

A : 何(なに)がしたいですか。

B : ＿＿＿＿＿が＿＿＿＿です。

2. 아래 예문처럼 적절한 단어를 넣어서 말해보세요.

예문 A : 日本料理(にほんりょうり)の中(なか)で何(なに)が一番(いちばん)好(す)きですか。

B : うどんが一番(いちばん)好(す)きです。

1)	2)	3)	4)
動物(どうぶつ)	野菜(やさい)	果物(くだもの)	飲(の)み物(もの)
何(なに)が	何(なに)が	何(なに)が	何(なに)が
好(す)きだ	嫌(きら)いだ	好(す)きだ	好(す)きだ
くま	にんじん	いちご	ジュース

듣기연습

1. 다음 대화를 잘 듣고 지금 무엇을 제일 원하고 있는지 선으로 연결하세요.

(1) あやか

(2) 田中先生(たなかせんせい)

(3) テミン

(4) 佐藤(さとう)

(5) 原田(はらだ)

(a)

(b)

(c)

(d)

(e)

(f)
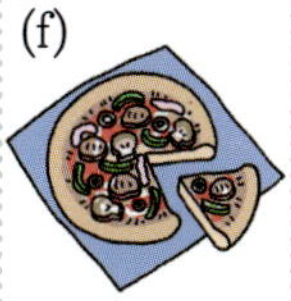

(g)

2. 다음 대화를 잘 듣고 그림과 일치하면 ○표, 틀리면 ×표를 쓰세요.

(1)

(　　　　)

(2)

※ 外国語(がいこくご) 외국어
(　　　　)

(3)

(　　　　)

(4)

(　　　　)

(5)

(　　　　)

(6)

(　　　　)

한자공부

한자	뜻	읽는 방법	쓰는 순서	관련어
夏	여름 하	① か ② なつ	夏	夏期 (かき) 하기 夏休み (なつやすみ) 여름방학 夏 (なつ) 여름
秋	가을 추	① しゅう ② あき	秋	秋季運動会 (しゅうきうんどうかい) 가을 운동회 秋分 (しゅうぶん) 추분 秋 (あき) 가을
冬	겨울 동	① とう ② ふゆ	冬	冬季 (とうき) 동계 冬眠 (とうみん) 동면(겨울 잠) 冬 (ふゆ) 겨울
鳥	새 조	① ちょう ② とり	鳥	鳥類 (ちょうるい) 조류 一石二鳥 (いっせきにちょう) 일석이조 鳥 (とり) 새 小鳥 (ことり) 작은 새
牛	소 우	① ぎゅう ② うし	牛	牛肉 (ぎゅうにく) 소고기 牛 (うし) 소 子牛 (こうし) 송아지

秋

GAME 게임

게임방법

1. 분단 별로 한 줄이 한 조가 된다.
2. 맨 뒷자리의 학생에게 다양한 동사가 적힌 시트지를 나눠준다.
3. 선생님의 시작 구호에 맞춰 가장 뒷자리 학생부터 시트지에 동사의 [~たい]형을 만들어 적어 넣는다.
4. 다 적으면 앞의 학생에게 넘긴다. 제일 앞자리 학생까지 정확하게 적어, 가장 빠르게 도착한 조가 승~!

〈시트지 예〉

동사	~たい
食(た)べる	
勉強(べんきょう)する	
洗(あら)う	
教(おし)える	
入(はい)る	

けんこうしんだん
健康診断 건강진단

일본에서도 학기 초가 되면 건강진단을 합니다. 건강진단에는 어떤 종류가 있을까요?

우선 보건조사라고 해서 지금까지 걸렸던 병은 없는지, 지금 건강한 상태인지를 의사 선생님이 학교에 방문해서 검사합니다. 배 속이 건강한지 내과진단을 하고, 결핵검사, 심전도검사, 기생충검사, 배변검사 등을 합니다.

그 밖에도 안과검사, 이비인후과 검사, 시력검사, 청력검사가 있습니다.

충치는 없는지 치과 검사도 빼 놓을 수 없겠죠?

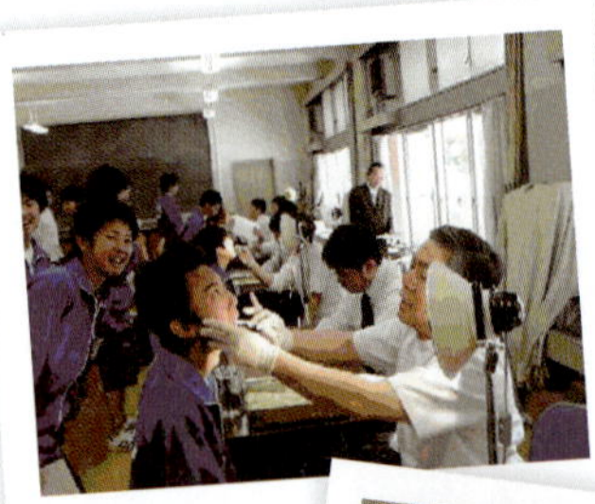

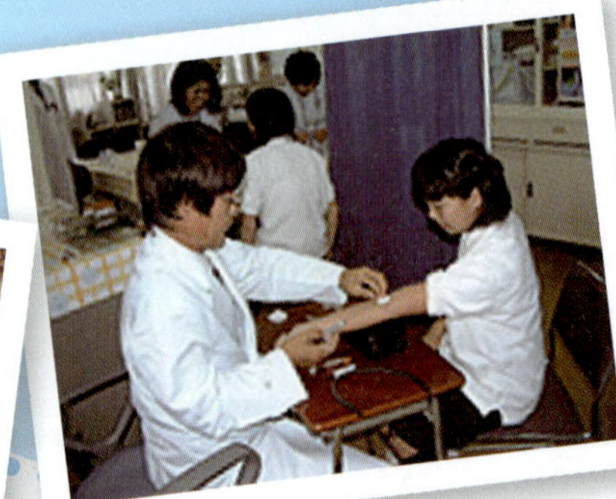

그 다음으로 키, 몸무게 등을 재서 기록하는 신체측정을 합니다.

1년 사이에 얼마나 더 자랐을까요?

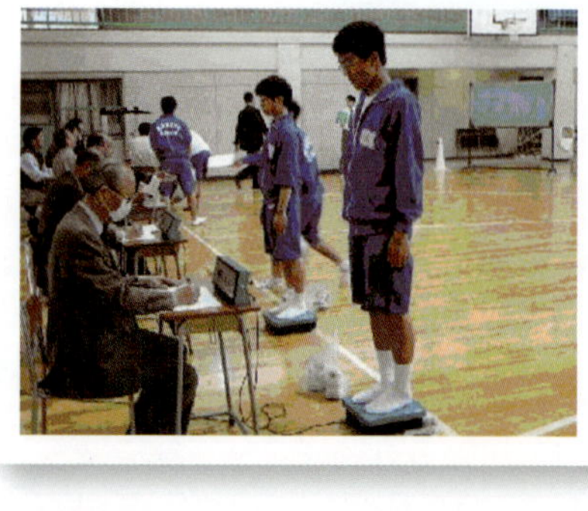

5과

友(とも)だちにメールを送(おく)っています。

친구에게 메일을 보내고 있습니다

학습목표

- 동사의 「て형」 익히기
  - (1) 「て형」을 사용한 문형 → 「~ています」
- 조사 「に」 용법 익히기
  - (1) 동작의 대상이 되는 [사람, 장소]
  - (2) 동작의 [목적]

마인드맵

学校(がっこう)へ行(い)く

朝(あさ)ごはんを食(た)べる

歯(は)を磨(みが)く

朝(あさ)ごはんを食(た)べて、歯(は)を磨(みが)いて、学校(がっこう)へ行(い)きます。

テレビを見(み)る

友(とも)だちと遊(あそ)ぶ

１０時(じ)に寝(ね)る

友(とも)だちと遊(あそ)んで、テレビを見(み)て、10時(じ)に寝(ね)ました。

何をしていますか？

雑誌を読む

↓

雑誌を読んでいます。

音楽を聞く

↓

音楽を聞いています。

映画を見る

↓

映画を見ています。

5課 友だちにメールを送っています。

テミン	もしもし。
あやか	テミン君ですか。あやかです。
テミン	ああ、こんにちは。
あやか	こんにちは。いま、何をしていますか。
テミン	韓国の友だちにメールを送っています。
あやか	明日、本を読みに図書館へ行きませんか。
テミン	いいですよ。 じゃ、午前１１時に図書館の前で待っています。
あやか	午前１１時ですね。分かりました。

새로 나온 단어

ともだち (友だち) 친구
メール 메일
おくる (送る) 보내다
もしもし 여보세요
としょかん (図書館) 도서관
あう (会う) 만나다
わかる (分かる) 알다, 이해하다
ぎゅうにゅう (牛乳) 우유
ゆうべ 어젯밤
つかれる (疲れる) 피곤하다
はやく(早く) 일찍
ようじ (用事) 볼일, 용건
ことし (今年) 올해
にゅうがく(入学) 입학
くすり (薬) 약
しょくごに (食後に) 식후에
しずかに (静かに) 조용히
そろそろ 이제, 슬슬
あらう (洗う) 씻다
プレゼント 선물
みせる (見せる) 보이다, 보여주다
しょうかい (紹介) 소개
もらう 받다
しゃしん (写真) 사진
テニス 테니스
しゅうまつ (週末) 주말
こんばん (今晩) 오늘 밤
すいか 수박
ドラマ 드라마

문법공부

1 동사의 て형 ~고/서

1그룹 동사 (5단 동사) : う、つ、る → って | ぬ、む、ぶ → んで
く → いて | ぐ → いで | す → して
※ 예외 : 行く → 行って

2그룹 동사 (1단 동사) : る → て
3그룹 동사 (변격 동사) : 来る → 来て | する → して

예) 会う(만나다) → って(만나고/만나서)
帰る(돌아가(오)다) → って(돌아가고/가서)
読む(읽다) → んで(읽고/읽어서)
遊ぶ(놀다) → んで
書く(쓰다) → いて
話す(말하다) → して
起きる(일어나다) → て
見る(보다) → て
食べる(먹다) → て

例) 朝ごはんを食べて、歯を磨いて、学校へ行きます。
朝８時に起きて、牛乳を飲みました。
ゆうべ疲れて、早く寝ました。

2 ~に (사람) ~에게 조사

例) 友だちにメールを送りました。
明日先生に話します。
用事があって、母に電話しました。

3 ~ている ~하고 있다 동작의 진행

例) 韓国の友だちにメールを送っています。
ぼくは音楽を聞いています。
友だちは雑誌を読んでいます。

4 동사의ます형＋に (목적) ~(하)러 조사

例) 明日、本を読みに図書館へ行きませんか。
靴を買いにデパートへ行きます。

문형연습

다음과 같이 말해 볼까요?

1. いま、何(なに)をしていますか。

ごはん①を食(た)べて②います。

例)

1) 音楽(おんがく) / 聞(き)く

2) 手(て) / 洗(あら)う

3) まんが / 読(よ)む

2. 友(とも)だち①にメール②を送(おく)り③ました。

例)

1) 先生(せんせい) / 私(わたし)の写真(しゃしん) / 見(み)せる

2) 妹(いもうと) / ぼくの友(とも)だち / 紹介(しょうかい)する

3) 後輩(こうはい) / プレゼント / もらう

3. 明日(あした)①、図書館(としょかん)へ② 行(い)きませんか③。

例)

1) あさって / デパートで / 会(あ)う

2) 今晩(こんばん)、いっしょに / ドラマを / 見(み)る

3) 週末(しゅうまつ) / テニスを / する

회화연습

다음 그림을 보고 보기와 같이 말해 보세요.

1) 보기 何(なに)をしていますか。

牛乳(ぎゅうにゅう)を飲(の)んでいます。

답 何(なに)をしていますか。

_________を__________います。

2) 보기 ごはんを食(た)べて、歯(は)を磨(みが)きました。

답 _______を_______て、_______を________ました。

연습문제

1. 다음의 각 동사를 동사의 て형으로 고쳐보세요.

1) 買(か)う ⇒ (　　　　　　　)　2) 持(も)つ ⇒ (　　　　　　　)

3) 飛(と)ぶ ⇒ (　　　　　　　)　4) 飲(の)む ⇒ (　　　　　　　)

5) 走(はし)る ⇒ (　　　　　　　)　6) 死(し)ぬ ⇒ (　　　　　　　)

7) 寝(ね)る ⇒ (　　　　　　　)　8) 入(はい)る ⇒ (　　　　　　　)

9) 洗(あら)う ⇒ (　　　　　　　)　10) 行(い)く ⇒ (　　　　　　　)

2. 다음 괄호 안의 단어를 올바른 형태로 바꿔서 문장을 완성하세요.

1) 毎朝(まいあさ)7時半(じはん)に(**起(お)きる⇒**　　　　　　　)、新聞(しんぶん)を読(よ)みます。
매일 아침 7시 반에 일어나서, 신문을 읽습니다.

2) ごはんを(**食(た)べる⇒**　　　　　　　)、テレビを(**見(み)る⇒**　　　　　　　)、そして宿題(しゅくだい)をしました。 식사를 하고 텔레비전을 보고 그리고 숙제를 했습니다.

3) 今日(きょう)はプレゼントをたくさん(**もらう⇒**　　　　　　　)、とてもうれしかったです。 오늘은 선물을 많이 받아서 매우 기뻤습니다.

※ 嬉(うれ)しい 기쁘다

3. 다음의 우리말을 보고 문장을 완성하세요.

1) 남동생은 만화책을 읽고 있습니다.
⇒ おとうとは漫画(まんが)を(　　　　　　　　　　)います。

2) 함께 사진을 찍으러 가지 않겠습니까?
⇒ 一緒(いっしょ)に写真(しゃしん)を撮(と)りに(　　　　　　　　　　)。

3) 친구와 맛있는 주스를 마시고 있습니다.
⇒ 友(とも)だちとおいしいジュースを(　　　　　　　　　　)います。

4) 새로 나온 책을 사러 갈까요?
⇒ 新(あたら)しく出(で)た本(ほん)を(　　　　　　　　　　)行(い)きましょうか。

듣기연습

1. 다음 대화를 잘 듣고 어느 학생인지 그림에서 선택하세요.

· あやか (　　　　) · テミン (　　　　) · 原田(はらだ) (　　　　)

· 山田(やまだ) (　　　　) · 佐藤(さとう) (　　　　) · 山本(やまもと) (　　　　)

2. 대화를 듣고 대화내용과 맞으면 ○, 틀리면 ×를 쓰세요.

(1) あやかさんはきのう家(いえ)でビデオを見(み)ました。(　　　　)

(2) あやかさんは今(いま)、映画(えいが)を見(み)ています。(　　　　)

(3) あやかさんは今日(きょう)テミン君(くん)に会(あ)います。(　　　　)

(4) 今日(きょう)友達(ともだち)があやかさんの家(いえ)へ遊(あそ)びに来(き)ます。(　　　　)

(5) テミン君(くん)は今日(きょう)、金(キム)さんに電話(でんわ)をします。(　　　　)

(6) 金(キム)さんは今日(きょう)、テミン君(くん)の家(いえ)へ遊(あそ)びに行(い)きます。(　　　　)

한자	뜻	읽는 방법	쓰는 순서	관련어
馬	말 마	① ば ② うま	馬	競馬 (けいば) 경마 乗馬 (じょうば) 승마 馬 (うま) 말
魚	물고기 어	① ぎょ ② さかな、うお	魚	金魚 (きんぎょ) 금붕어 魚 (さかな) 생선 魚釣り (さかなつり) 낚시
肉	고기 육	① にく	肉	肉類 (にくるい) 육류 肉 (にく) 고기 肉食 (にくしょく) 육식
教	가르칠 교	① きょう ② おしえる	教	教師 (きょうし) 교사 教室 (きょうしつ) 교실 教える (おしえる) 가르치다
室	집 실	① しつ	室	地下室 (ちかしつ) 지하실 室内 (しつない) 실내 温室 (おんしつ) 온실

馬

GAME 게임

준비물

동사 글자카드

게임방법

1. 6~10명으로 조를 만든다.
2. 조원 수보다 많은 동사 카드를 준비하여 책상 위에 보이는 방향으로 펼쳐 놓는다.
3. 조원들은 모두 자리에서 일어서고 선생님은 시작 신호를 준다.
4. 시작 신호가 울리면 조원들은 눈으로 동사 카드 중에 하나를 선택하여 재빨리 **[~ています]** 형을 만들어 외치면서 앉아야 한다.

   예) 食(た)べる ⇒ 食(た)べています。

5. 이 때 다른 조원과 동시에 외치면 안 되며, 같은 동사를 사용해서도 안 된다. 이미 발표한 동사카드는 엎어 두도록 한다.
6. 발표를 성공하면 자리에 앉고, 실패하면 다시 도전해야 한다. 마지막까지 앉지 못하는 학생이 패~!

じゅぎょうさんかん
授業参観 수업참관

우리 아이가 학교에서 어떻게 생활하고 있을까? 어떤 수업을 받고 있을까? 오늘은 일년에 한번 학부모들이 수업을 참관하러 오는 날입니다. 한국에서는 '공개수업'이라고도 하지요?

이 밖에도 학급간담회나 가정방문 등을 통해 학부모와의 교류가 이루어집니다.

● 학급 간담회

담임선생님과 학부모가 매 학기마다 공부, 학교생활, 가정환경에 대해 이야기를 나눕니다.

● 가정 방문

담임선생님이 학생들의 집에 일일이 방문하며 가정생활에 관해 상담을 합니다.

6과 食(た)べてもいいですか。

먹어도 됩니까?

학습목표

- 허락, 허가의 표현과 금지의 표현 익히기
- 원인, 이유의「ので」표현 익히기
- 수단, 도구의「で」표현 익히기

마인드맵

A これは日本語で何と言いますか。

B 日本語ですいかと言います。

A 食べてもいいですか。

B いいですよ。どうぞ。

A 暑いですね。

窓を開けてもいいですか。

B はい、開けてもいいです。

A 中(なか)に入(はい)ってもいいですか。

B いいえ、入(はい)ってはいけません。

A 渡(わた)ってもいいですか。

B いいえ、だめです。

A 写真(しゃしん)を撮(と)ってもいいですか。

B いいえ、撮(と)ってはいけません。

6課 食べてもいいですか。

テミン　あやかさん、これ、日本語で何と言いますか。

あやか　すいかと言います。だれが買ってきましたか。

テミン　ぼくです。昨日からすいかが食べたかったので、
買ってきました。

あやか　食べてもいいですか。

テミン　いいですよ。どうぞ。

あやか　甘くておいしいですね。
このケーキも食べてもいいですか。

テミン　すみません。そのケーキは友だちの誕生日の
プレゼントなので、食べてはだめです。

새로 나온 단어

なんと (何と) 무엇이라고
だめだ 안 된다
ぐらい 정도
さわぐ (騒ぐ) 떠들다
ろうか (廊下) 복도
はしる (走る) 달리다
えんぴつ (鉛筆) 연필
おそく(遅く) 늦게
あたま (頭) 머리
いたい (痛い) 아프다
かりる (借りる) 빌리다
すわる (座る) 앉다
ふる (降る) 내리다
かぜ(風邪)をひく 감기에 걸리다
まど (窓) 창문
かさ (傘) 우산
もつ (持つ) 들다, 갖다
ふりょうひん (不良品) 불량품
おさき(先)に 먼저
しつれい(失礼)する 실례하다
おどる (踊る) 춤추다
アパート 아파트
かう (飼う) (짐승을) 기르다
やさい (野菜) 야채
じゅぎょうちゅう (授業中) 수업중
きる (着る) 입다
おさけ (お酒) 술

문법공부

1 ~てもいいです ~해도 좋습니다 (됩니다) 허가·허락

例) このケーキ、食べてもいいですか。| はい、食べてもいいです。

日本語で話してもいいです。

1時間ぐらい遊んでもいいです。

2 ~てはいけません(だめです) ~해서는 안 됩니다 조사

例) 教室で騒いではいけません。

このケーキ、食べてはだめです。

廊下で走ってはいけません。

3 ~で (수단, 도구) ~(으)로 조사

例) これは日本語で何と言いますか。

学校までバスで行きます。

鉛筆で書いてはいけません。

4 ~てくる ~해(하고) 오다

例) ちょっとスーパーへ行ってきます。

このケーキは山田さんが買ってきました。

弟と一緒にアニメを見てきました。

5 ~ので (원인, 이유) ~(이기) 때문에, ~이어서, ~이므로 조사

例) 明日は日曜日なので、家で休みます。

すいかが食べたかったので、買ってきました。

頭が痛いので、早く家へ帰ります。

문형연습

다음과 같이 말해 볼까요?

1. <u>このすいか</u>①、<u>食(た)べても</u>②いいですか。

いいですよ。どうぞ。

例)

1) このまんが / 借(か)りる　2) ここに / 座(すわ)る　3) 家(うち)へ / 帰(かえ)る

2. <u>すいかが食(た)べたかった</u>①ので<u>買(か)って</u>②きました。

例)

1) 寒(さむ)かった / コートを着(き)る　2) 雪(ゆき)が降(ふ)っている / 傘(かさ)を持(も)つ　3) 風邪(かぜ)を引(ひ)いている / 病院(びょういん)へ行(い)く

3. <u>教室(きょうしつ)で騒(さわ)い</u>①ではいけません(だめです)。

例)

1) この雑誌(ざっし)を読(よ)む　2) 廊下(ろうか)で走(はし)る　3) 不良品(ふりょうひん)を買(か)う

회화연습

다음 그림을 보고 보기와 같이 말해 보세요.

1) 보기 このすいか、食(た)べてもいいですか。

いいですよ。どうぞ。

답 ________(を)、________いいですか。

いいですよ。どうぞ。

2) 보기 このケーキ、食(た)べてもいいですか。

いいえ、食(た)べてはいけません(だめです)。

※ 止(と)める 세우다

답 ________(を)、________いいですか。

いいえ、________いけません(だめです)。

연습문제

1. 다음 예문을 읽고 괄호 안의 단어를 예문과 같이 고쳐봅시다.

> 예문　A：このケーキ、食べてもいいですか。
>
> B：いいですよ。どうぞ。

1) この窓を (閉める⇒　　　　　　　　　　) いいですか。
이 창문을 닫아도 좋습니까?

2) この手紙、英語で (書く⇒　　　　　　　　　　) いいですか。
이 편지, 영어로 써도 좋습니까?

3) お先に (失礼する⇒　　　　　　　　　　) いいですか。
먼저 실례해도 좋습니까?

4) 一緒に (踊る⇒　　　　　　　　　　) いいですか。
함께 춤춰도 좋습니까?

5) 頭が痛いので今日は早く (帰る⇒　　　　　　　　　　) いいですか。
머리가 아프니까 오늘은 빨리 돌아가도 좋습니까?

2. 괄호 안에 적당한 단어를 보기에서 찾아 넣으세요.

> 보기　のに ・ に ・ だめ ・ ので ・ が ・ で ・ まで

1) これは英語(　　　　　　　　)何と言いますか。
이것은 영어로 무엇이라 합니까?

2) りんごがおいしかった(　　　　　　　　)、二つも食べました。
사과가 맛있어서 두 개나 먹었습니다.

3) アパートで犬を飼っては(　　　　　　　　)です。
아파트에서 개를 키워서는 안됩니다.

4) 家から学校(　　　　　　　　)、自転車で行きます。
집에서 학교까지, 자전거로 갑니다.

5) 野菜を買い(　　　　　　　　)、スーパーへ行ってきました。
야채를 사러, 슈퍼에 갔다 왔습니다.

듣기연습

1. 대화를 잘 듣고 어떤 행동을 해야 하는지 선택하고 ○를 쓰세요.

1) (a)  (b) 

( ) ( )

2) (a)  (b) 

( ) ( )

3) (a)  (b) 

( ) ( )

4) (a)  (b) 

( ) ( )

5) (a)  (b) 

( ) ( )

6) (a)  (b) 

( ) ( )

2. 대화내용을 잘 듣고 선으로 연결하세요.

(1) 

(2) 

(3) 

(a) 

(b) 

(c) 

(d) 

(e) 

(f) 

한자	뜻	읽는 방법	쓰는 순서	관련어
国	나라 국	① こく ② くに	国	国際 (こくさい) 국제 国家 (こっか) 국가 島国 (しまぐに) 섬 나라
語	말씀 어	① ご ② かたる	語	語学 (ごがく) 어학 国語 (こくご) 국어 物語 (ものがたり) 이야기, 전설
数	셀 수	① すう ② かず	数	数学 (すうがく) 수학 数え年 (かぞえどし) 세는 나이 태어난 해를 한 살로 치고, 설마다 한 살씩 더해가는 우리 식 나이 계산법 数える (かぞえる) 세다
学	배울 학	① がく ② まなぶ	学	大学 (だいがく) 대학 学校 (がっこう) 학교 学ぶ (まなぶ) 배우다
計	셈할 계	① けい ② はかる	計	計算 (けいさん) 계산 時計 (とけい) 시계 合計 (ごうけい) 합계

学

GAME 게임

준비물

장소카드

게임방법

1. 4~6명씩 조를 만든다.
2. 장소카드를 준비하여 골고루 섞어 뒤집어 둔다.
3. 순서를 정한 후 첫 번째 학생이 카드를 한 장 뒤집어 나머지 학생들에게 제시한다.
4. 나머지 학생들은 순서대로 한 명씩 **'~てはいけません'**, **'~てもいいです'** 를 사용하여 문장을 만든다.

예) 학생 1 (장소제시) 教室(きょうしつ)

학생 2 走(はし)ってはいけません。

학생 3 勉強(べんきょう)してもいいです。

학생 4 歌(うた)ってはいけません。

학생 2 座(すわ)ってもいいです。

학생 3 ゴミを捨(す)ててはいけません。

학생 4 ……。

(2번 학생 2점, 3번 학생 2점, 4번 학생 1점 획득)

5. 문장 만들기는 발표가 끊길 때까지 하며, 발표한 문장만큼 점수를 가져간다. 한 명씩 돌아가며 장소를 제시하고 가장 많은 점수를 가져간 학생이 승~!

えんそく

遠足 소풍

답답한 교실에서 벗어나 야외에서 견문을 넓히기 위한 교외학습은 일본의 중학생들이 손꼽아 기다리는 행사입니다. 사회견학, 자연관찰학습 등 다양한 목적으로 실시합니다.

일반적으로 일년에 한 두번씩 학년단위 행사로 진행되는데, 입학식 직후에 신입생 환영소풍이나 졸업을 앞둔 학생들을 위한 송별소풍과 같이 특별행사를 떠나는 경우도 있습니다.

7과

家に帰ってきてから、母に電話をしました。

집에 돌아오고 나서 어머니에게 전화를 했습니다

학습목표

- 명사, 형용사, 동사의 과거형 보통체 익히기
- ~てから 용법 익히기
- イ형용사의 부사화

昨日(きのう)何(なに)を
しましたか。

部屋(へや)の掃除(そうじ)をしてから
宿題(しゅくだい)をしました。

昨日(きのう)は日曜日(にちようび)だったので、
遅(おそ)く起(お)きました。

お母(かあ)さんは
お元気(げんき)でしたか。

おかげさまで
元気(げんき)でした。

お祖母(ばあ)さんは
お元気(げんき)でしたか。

おかげさまで
元気(げんき)でした。

お祖父(じい)さんは
お元気(げんき)でしたか。

おかげさまで
元気(げんき)でした。

7課 家に帰ってきてから、母に電話をしました。

佐藤先生 あやかさん、昨日何をしましたか。

あやか 昨日は日曜日だったので、遅く起きました。顔を洗って、部屋の掃除をしてから、友だちと約束があったので、出かけました。

佐藤先生 テミン君は何をしましたか。

テミン ぼくは映画を見に行きました。それから家に帰ってきてから、韓国の母に電話をしました。

佐藤先生 お母さんはお元気でしたか。

テミン はい、おかげさまで元気でした。

새로 나온 단어

- やくそく (約束) 약속
- でかける (出かける) 외출하다
- ひさしぶりに (久しぶりに) 오래간만에
- げんきだ (元気だ) 건강하다, 씩씩하다
- おかげさまで 덕분에
- ちかてつ (地下鉄) 지하철
- でんしゃ (電車) 전철
- きょねん (去年) 작년
- たいへん (大変) 매우, 대단히
- うんどう (運動) 운동
- つかれる (疲れる) 지치다, 피로해지다
- ようじ (用事) 볼일, 용건
- セール 세일
- おなかがすく(お腹が空く) 배가 고프다

문법공부

1 ~てから ~하고 나서

例) 母に電話してから、映画を見ました。

新聞を読んでから、友だちと約束があったので、出かけました。

お風呂に入ってから、コーラを飲みました。

2 ~だった (명사, ナ형용사의 과거형) ~(이)었다/ ~했다 보통체

例) 昨日は日曜日だったので、遅く起きました。

ぼくは去年まで中学生だった。

あやかさんのお姉さんはとてもきれいで親切だった。

東京の地下鉄は大変便利だった。

3 동사의 て형＋た (동사의 과거형) ~었/았다 보통체

1그룹 동사 (5단 동사) : う、つ、る → った | ぬ、む、ぶ → んだ
く → いた、ぐ → いだ | す → した
※ 예외 : 行く → 行った

2그룹 동사 (1단 동사) : る → た
3그룹 동사 (변격 동사) : 来る → 来た | する → した

例) 昨日は兄といっしょに公園で遊んだ。

友だちと約束があったので、出かけました。

山田先生は学生たちに英語を教えた。

4 イ형용사의 어간＋く ~게 イ형용사의 부사화

例) 昨日は日曜日だったので、遅く起きました。

デジカメを安く買いました。

先生は黒板にひらがなを大きく書きました。

문형연습

다음과 같이 말해 볼까요?

1. 母に電話してから、映画を見ました。

①　　②

例)

1) 音楽を聞く / 宿題をする

2) 家へ帰る / お風呂に入る

3) まんがを読む / デパートへ行く

2. 部屋の掃除をしてから、友だちと約束があったので、出かけました。

①　　②　　③

例)

1) テレビを見る / テストがある / 勉強する

2) 運動をする / 疲れた / 早く寝る

3) レポートを書く / お腹が空いた / ラーメンを食べる

3. 昨日は日曜日だったので、遅く 起きました。

①　　②　　③

例)

1) 用事があった / 早い / 出かける

2) セールだった / 安い / 買う

3) お腹が空いた / おいしい / 食べる

회화연습

다음 그림을 보고 보기와 같이 질문에 답해 보세요.

1) 보기 母に電話してから、映画を見ました。

답 ＿＿＿＿＿＿てから、＿＿＿＿＿＿ました。

2) 보기 日曜日だったので、遅く 起きました。

답 ＿＿＿＿＿＿ので、＿＿＿＿＿く＿＿＿＿＿＿ました。

연습문제

1. 다음의 동사를 과거형(보통체)으로 바꾸어 빈칸에 적어 보세요.

買(か)う	보기 買(か)った	立(た)つ 서다	
送(おく)る		走(はし)る 달리다	
読(よ)む		遊(あそ)ぶ	
飲(の)む		書(か)く	
泳(およ)ぐ 수영하다		行(い)く	
食(た)べる		見(み)る	
来(く)る		する	

2. 다음의 단어를 이용하여 예문과 같이 문장을 완성하세요.

> 예문 部屋(へや)の掃除(そうじ)をする | まんがを読(よ)む
> ⇒ 部屋(へや)の掃除(そうじ)をしてから、まんがを読(よ)みました。

1) 宿題(しゅくだい)をする | テレビを見(み)る

⇒ ＿＿＿＿＿＿＿＿＿＿＿＿＿＿＿＿＿＿＿＿＿＿＿＿＿＿。

2) 本(ほん)を読(よ)む | 音楽(おんがく)を聞(き)く

⇒ ＿＿＿＿＿＿＿＿＿＿＿＿＿＿＿＿＿＿＿＿＿＿＿＿＿＿。

3) 手紙(てがみ)を書(か)く | お風呂(ふろ)に入(はい)る

⇒ ＿＿＿＿＿＿＿＿＿＿＿＿＿＿＿＿＿＿＿＿＿＿＿＿＿＿。

4) メールを送(おく)る | 出(で)かける

⇒ ＿＿＿＿＿＿＿＿＿＿＿＿＿＿＿＿＿＿＿＿＿＿＿＿＿＿。

듣기연습

1. 대화를 잘 듣고 어떤 순서였는지 번호를 쓰세요.

1)

(a) (　　　　　)

(b) (　　　　　)

(c) (　　　　　)

(d) (　　　　　)

(e) (　　　　　)

(f) (　　　　　)

2)

(a) (　　　　　)

(b) (　　　　　)

(c) (　　　　　)

(d) (　　　　　)

(e) (　　　　　)

(f) (　　　　　)

한자공부

한자	뜻	읽는 방법	쓰는 순서	관련어
算	셈할 셈	① さん	算	計算 (けいさん) 계산 算数 (さんすう) 산수 暗算 (あんざん) 암산
楽	풍류 악 즐거울 락	① らく、がく ② たのしい	楽	楽園 (らくえん) 낙원 楽器 (がっき) 악기 楽しい (たのしい) 즐겁다
長	길 장	① ちょう ② ながい	長	長男 (ちょうなん) 장남 長所 (ちょうしょ) 장점 長い (ながい) 길다
短	짧을 단	① たん ② みじかい	短	短所 (たんしょ) 단점 短期 (たんき) 성질이 급함 短い (みじかい) 짧다
交	사귈 교	① こう ② まじわる	交	交番 (こうばん) 파출소 交通 (こうつう) 교통 交わる (まじわる) 사귀다

楽

GAME 게임

준비물

동사 글자카드

게임방법

1. 4~6명씩 조를 만든다.
2. 학생 한 사람이 3~5개의 동사 카드를 쥐고 나머지 조원들에게 동사카드를 보여주면서 동사를 하나씩 제시한다.
3. 나머지 조원들은 동사를 보고 재빨리 [~た]형을 만들어 손들고 말한다.

   예) 食(た)べる ⇒ 食(た)べた

4. 가장 빨리 정확한 답을 말한 친구에게 그 동사카드를 준다.
5. 역할을 바꾸어 한 바퀴를 돈 후, 마지막에 가장 많은 카드를 받아간 학생이 승~!

せいふく

制服 교복

일본의 여고생, 여중생들은 모두 짧은 치마에 갈색 염색머리를 하고 있을까요? 물론 아니겠지요. TV 드라마나 영화, 애니메이션 등을 통해 우리에게 소개된 일본의 교복들은 어디까지나 '방송용'이라는 것! 실제 일본의 중학생들은 무릎까지 내려오는 단정한 치마에 정돈된 머리인 경우가 훨씬 많습니다.

8 과

お菓子を食べながら話しています。

과자를 먹으면서 이야기하고 있습니다

학습목표

- [동사의 ます형 + ながら] 두가지 동작의 동시진행 익히기
- [~てください] 의뢰, 권유 익히기

마인드맵

風邪(かぜ)を引(ひ)きました。

ゆっくり休(やす)んでください。

お菓子を食べながら
話しています。

お茶を飲みながら
音楽を聞いています。

ピアノを弾きながら
歌を歌っています。

8課 お菓子を食べながら話しています。

田中先生　あら、テミン君、風邪を引きましたか。

テミン　はい。ゆうべから頭が痛くて熱もあって……。

田中先生　薬は飲みましたか。

テミン　はい、飲みました。

田中先生　じゃ、早く帰ってゆっくり休んでください。

ところであやかさんはどこにいますか。

テミン　あやかさんは教室にいます。

田中先生　何をしていますか。

テミン　ミカさんと一緒にお菓子を

食べながら話していますが……。

새로 나온 단어

ねつ (熱) 열
くすりをのむ (薬を飲む) 약을 먹다
ゆっくり 천천히, 푹
やすむ (休む) 쉬다
ところで 그런데
ピアノをひく(弾く) 피아노를 치다
うた (歌) 노래
うたう (歌う) (노래를) 부르다
きょうかしょ (教科書) 교과서
ページ 페이지
ひらく(開く) 열다, 펴다
すわる (座る) 앉다
いちば (市場) 시장
せき (咳) 기침
せきがでる (咳が出る) 기침이 나오다
のど (喉) 목
はなみず (鼻水) 콧물
はなみずがでる (鼻水が出る) 콧물이 나오다
かゆい 가렵다
は (歯) 이
けさ (今朝) 오늘 아침

문법공부

1 동사의 ます형＋ながら ~하면서 두 동작이 동시에 이루어질 때

例(れい)) お菓子(かし)を食(た)べながら話(はな)しています。

お茶(ちゃ)を飲(の)みながら音楽(おんがく)を聞(き)いています。

ピアノを弾(ひ)きながら歌(うた)を歌(うた)っています。

2 イ형용사의 어간＋くて ~고/서

例(れい)) ゆうべから頭(あたま)が痛(いた)くて熱(ねつ)もあります。

あのレストランのとんカツはおいしくて安(やす)いです。

頭(あたま)が痛(いた)くて家(いえ)で休(やす)みました。

3 ~てください ~해 주십시오 (주세요) 의뢰

例(れい)) 早(はや)く帰(かえ)ってゆっくり休(やす)んでください。

教科書(きょうかしょ)の３０ページを開(ひら)いてください。

どうぞ、こちらに座(すわ)ってください。

4 ~といっしょに ~와 함께/같이 어휘

例(れい)) 友(とも)だちといっしょに映画(えいが)を見(み)に行(い)きます。

昨日(きのう)は母(はは)といっしょに市場(いちば)へ行(い)ってきました。

ミカさんといっしょにお菓子(かし)を食(た)べながら話(はな)しています。

문형연습

다음과 같이 말해 볼까요?

1. ゆうべから頭(あたま)が痛(いた)くて 熱(ねつ)もあります。

ゆうべから ① / 頭が痛くて ② / 熱もあります ③

例)

1)	今朝(けさ) 咳(せき)が出(で)る 喉(のど)も痛(いた)い	2)	昨日(きのう) 鼻水(はなみず)が出(で)る 咳(せき)も出(で)る	3)	午後(ごご) 目(め)がかゆい 痛(いた)い

2. 早(はや)く帰(かえ)って ゆっくり休(やす)んでください。

早く帰って ① / ゆっくり休んで ②

例)

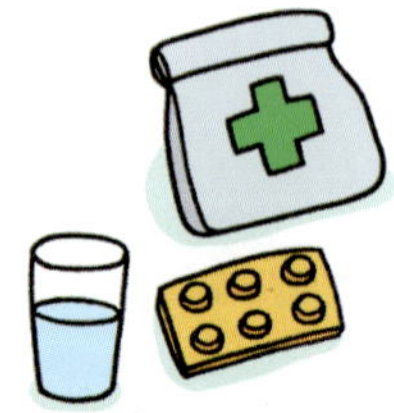

1)	早(はや)くここに 書(か)く	2)	すみませんが、 ちょっと待(ま)つ	3)	風邪(かぜ)を引(ひ)いてる時(とき)は この薬(くすり)を飲(の)む

3. お菓子(かし)を食(た)べながら話(はな)しています。

お菓子を食べ ① / 話して ②

例)

1)	お茶(ちゃ)を飲(の)む テレビを見(み)る	2)	音楽(おんがく)を聞(き)く 友達(ともだち)と話(はな)す	3)	歌(うた)を歌(うた)う 掃除(そうじ)する

회화연습

다음 그림을 보고 보기와 같이 질문에 답해 보세요.

1) 보기 どうしましたか。

ゆうべから頭(あたま)が痛(いた)くて熱(ねつ)もあります。

답 どうしましたか。

ゆうべから________て_____も________。

2) 보기 お菓子(かし)を食(た)べながら友だちと話(はな)しています。

답 ________を_______ながら_______を________います。

연습문제

1. 다음 보기와 같이 ~ながら를 사용하여 두 문장을 한 문장으로 연결해 보세요.

보기 音楽(おんがく)を聞(き)く | 本(ほん)を読(よ)む

⇒ 音楽(おんがく)を聞(き)きながら本(ほん)を読(よ)んでいます。

1) コーヒーを飲(の)む | 新聞(しんぶん)を読(よ)む

⇒ コーヒーを________________新聞(しんぶん)を________________。

2) お菓子(かし)を食(た)べる | 手紙(てがみ)を書(か)く

⇒ お菓子(かし)を________________手紙(てがみ)を________________。

3) ゆっくり歩(ある)く | 友達(ともだち)と話(はな)す

⇒ ゆっくり________________友達(ともだち)と________________。

2. 빈칸을 채워 다음 문장을 완성하세요.

1) 夕(ゆう)べから頭(あたま)が____________、熱(ねつ)もあります。

어제밤부터 머리가 아프고 열도 있습니다.

2) 昨日(きのう)は天気(てんき)が____________、あたたかかったです。

어제는 날씨가 좋고 따뜻했습니다. ※ あたたかい 따뜻하다

3) ミカさんの部屋(へや)は____________、明(あか)るいです。

미카상의 방은 넓고 밝습니다.

4) 喉(のど)が____________、家(いえ)で休(やす)みました。

목이 아파서 집에서 쉬었습니다.

3. 다음 보기와 같이 ~てください를 이용하여 문장을 완성해 보세요.

1) こちらにお名前(なまえ)を____________________。 여기에 이름을 적어 주세요.

2) この本(ほん)を____________________。 이 책을 읽어 주세요.

3) この薬(くすり)は食後(しょくご)に____________________。 이 약은 식후에 먹으세요.

듣기연습

1. 다음 대화를 잘 듣고 누구인지 그림에서 찾아 보세요.

(1) 金(キム)さん	(2) 田中(たなか)さん	(3) 佐藤(さとう)さん	(4) 山本(やまもと)さん	(5) 朴(パク)さん
(　　　)	(　　　)	(　　　)	(　　　)	(　　　)

2. 대화를 잘 듣고 질문의 답이 그림과 맞으면 ○, 틀리면 ×를 쓰세요.

한자공부

한자	뜻	읽는 방법	쓰는 순서	관련어
通	통할 통	① つう ② とおる、かよう		通行 (つうこう) 통행 通る (とおる) 통과하다 通う (かよう) 다니다
読	읽을 독	① どく ② よむ		読書 (どくしょ) 독서 読む (よむ) 읽다 読解 (どっかい) 독해
書	글 서	① しょ ② かく		書店 (しょてん) 서점 書く (かく) 쓰다 書き言葉 (かきことば) 문장체 ⇔話し言葉 (はなしことば) 회화체
電	번개 전	① でん		電車 (でんしゃ) 전차 電話 (でんわ) 전화 電気 (でんき) 전기
気	기운 기	① き ② け	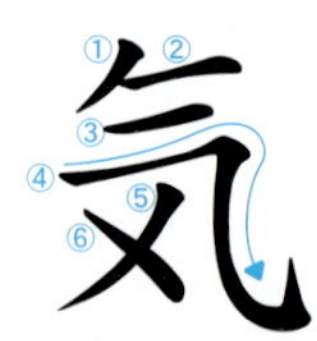	元気 (げんき) 기운, 건강 気候 (きこう) 기후 気配 (けはい) 낌새, 인기척

GAME 게임

준비물

동사 그림카드

게임방법

1. 6~10명씩 짝수가 되도록 조를 만든다.
2. 각 조에서는 2명씩 짝을 짓고 순서를 정한다.
3. 동사 그림 카드를 책상 위에 뒤집어 섞어 둔다.
4. 첫 번째 팀의 두 사람이 동사 카드를 한 장씩 선택하고, 각자 주어진 동사를 동작으로 나머지 조원들에게 표현한다.
5. 나머지 조원들은 두 사람의 동작을 보고 **'~ながら'** 를 사용하여 문장으로 표현한다.

   예) 勉強(べんきょう)する + 歯(は)を磨(みが)く ⇒ 勉強(べんきょう)しながら歯(は)を磨(みが)きます。
   歯(は)を磨(みが)きながら勉強(べんきょう)します。

6. 역할을 바꾸어 한 · 두 바퀴를 돈 후, 가장 많이 맞힌 팀이 승~!

전세계 중학생에게 물었습니다

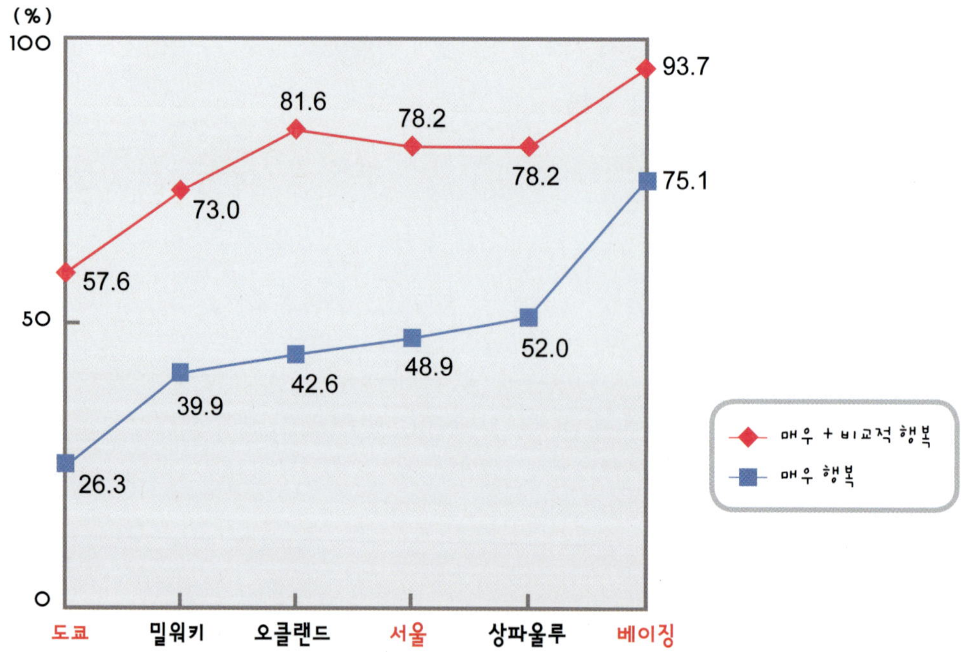

	도쿄 (일본)	서울 (한국)	베이징 (중국)
매우 행복	26.3%	48.9%	75.1%
비교적 행복	31.3%	29.3%	18.6%
행복지수 합계	57.6%	78.2%	93.7%

9과

0から十まで数えてください。

0부터 10까지 세어주세요

학습목표

- 조사 [~から~まで] 학습
  - (1) 「~から」: 수량, 장소, 사물 등의 기점 (起点, 출발점)
  - (2) 「~まで」: 수량, 장소, 사물 등의 도달점 (到達点, 종점)
- [~てみる] 시도
- [~ましょう/~ませんか] 권유, 제안 표현학습
- [ます형 + かた] 형태로 수단, 방법을 표현

마인드맵

0から10まで数えてみましょう。

ソウルから釜山までの行き方を教えてください。

A あした、何時に会いましょうか。

B 10時に会いましょう。

A パソコンの使い方を教えてください。

B パソコンの使い方は難しいですね。

A 郵便局はどこにありますか。行き方を教えてください。

B まっすぐ行って、右に曲がってください。

A すみません。上野までの行き方を教えてください。

B はい。スカイ・ライナーとリムジンバスがありますが。

9課 0から十まで数えてみましょう。

田中先生	テミン君、0から十まで数えてみましょう。
テミン	ゼロ、いち、に、さん、よん、ご、ろく、なな、はち、きゅう、じゅう。
田中先生	はい、よくできました。日本語は難しいですか。
テミン	いいえ、あまり難しくありません。でも、漢字の読み方は難しいです。先生、この漢字の読み方を教えてください。
田中先生	これですか。これは友達と読みます。では、いっしょに読んでみましょうか。
テミン	はい。

새로 나온 단어

かぞえる (数える) (수를) 세다
よく 잘 (자주)
できる 할 수 있다, 잘하다
むずかしい (難しい) 어렵다
あまり 그다지, 별로
かんじ (漢字) 한자
よみかた (読み方) 읽는 법 (방법)
おし(教)えてください 가르쳐 주세요
よむ (読む) 읽다
しけん (試験) 시험
はんい (範囲) 범위
きょうかしょ (教科書) 교과서
ビル 건물
～かい (階) ~층

コンピューター 컴퓨터
パソコン 개인용 컴퓨터 (PC)
つかいかた (使い方) 사용법 (방법)
キムチ 김치
つくりかた (作り方) 만드는 법 (방법)
しる (知る) 알다
たべかた (食べ方) 먹는 법 (방법)
かきかた (書き方) 쓰는 법 (방법)
さいしょ (最初) 최초, 맨 처음
まず 우선
はくさい (白菜) 배추
きれいに 깨끗하게
ひこうき (飛行機) 비행기
のみかた (飲み方) 마시는 법 (방법)

のりかた (乗り方) 타는 법 (방법)
まっすぐ 똑바로
まがる (曲がる) 꺾다
～について ~에 관하여
かんがえる (考える) 생각하다
もんだい (問題) 문제
れんらくする (連絡する) 연락하다
さがす (探す) 찾다
スカイ・ライナー 스카이라이너 (고속열차)
リムジンバス 리무진 버스
うえの (上野) 우에노 (도쿄시내 지명)

문법공부

1 ~から ~まで ~(에서)부터 ~까지 조사

例) 0から十まで数えてください。

試験の範囲は教科書の1ページから35ページまでです。

このビルの一階から五階まではデパートです。

2 ~てみる ~해 보다

例) この問題は先生に聞いてみます。

そのことについては考えてみます。

山田君には私が連絡してみます。

3 동사의ます형+ましょう/ましょうか ~합시다/ ~할까요? 권유

例) 昼ごはんは12時半に食べましょう。

0から十まで数えてみましょう。

明日、何時に会いましょうか。

では、いっしょに読んでみましょうか。

4 동사의 ます형+方 ~하는 법

例) 日本語は漢字の読み方が難しいです。

このコンピューターの使い方を教えてください。

キムチの作り方を知っていますか。

階 층 (건물의 층을 셀 때) 조수사

1階 (いっかい)	2階 (にかい)	3階 (さんがい)	4階 (よんかい)	5階 (ごかい)	6階 (ろっかい)
7階 (ななかい)	8階 (はっ(はち)かい)	9階 (きゅうかい)	10階 (じゅっかい)	何階 (なんがい) 몇 층	

문형연습

다음과 같이 말해 볼까요?

1. 0(ゼロ)から十(じゅう)まで数(かぞ)えてみましょう。
①0 ②十 ③数えて

例)

1) 十(じゅう) / 二十(にじゅう) / 書(か)く
2) 1ページ / 3ページ / 読(よ)む
3) 家(いえ) / 学校(がっこう) / 走(はし)る

2. この漢字(かんじ)の読(よ)み方(かた)を教(おし)えてください。
①この漢字の読み方

例)

1) 日本料理(にほんりょうり) | 食(た)べる
2) ひらがな | 書(か)く
3) コンピューター | 使(つか)う

3. 明日(あした)いっしょに行(い)きましょうか。
①行きましょうか

はい、行(い)きましょう。
②行きましょう

例)

1) 夕(ゆう)ごはんを食(た)べる / 食(た)べる
2) アニメを見(み)る / 見(み)る
3) キムチを作(つく)る / 作(つく)る

회화연습

다음 그림을 보고 보기와 같이 말해 보세요.

1) 보기 0(ゼロ)から十(じゅう)まで数(かぞ)えてみましょう。

답 ______から______まで________てみましょう。

2) 보기 この漢字(かんじ)の読(よ)み方(かた)を教(おし)えてください。

답 __________の____________方(かた)を教(おし)えてください。

연습문제

1. 두 문장을 이어서 보기와 같이 만드세요.

보기 ひらがな → 書き方(か かた)

1) コンピューター	a) 飲み方(の かた)
2) ケーキ	b) 読み方(よ かた)
3) 漢字(かんじ)	c) 乗り方(の かた)
4) 飛行機(ひこうき)	d) 使い方(つか かた)
5) くすり	e) 作り方(つく かた)

2. 다음 대답에 알맞은 것을 채워넣어 대화를 완성해 보세요.

1) いっしょにデパートへ行(い)きましょうか。

はい、いっしょに＿＿＿＿＿＿＿＿＿＿＿＿。

2) 公園(こうえん)でちょっと休(やす)みましょうか。

はい、＿＿＿＿＿＿＿＿＿＿＿＿。

3) 一緒(いっしょ)に映画(えいが)を見(み)に行(い)きませんか。

はい、＿＿＿＿＿＿＿＿＿＿＿＿。

듣기연습

1. 다음 대화를 잘 듣고 질문의 답을 그림에서 찾아보세요.

1) テミン君(くん)とあやかさんは何(なに)をしますか。(　　　)

2) テミン君(くん)とあやかさんは何時(なんじ)に会(あ)いますか。(　　　)

3) テミン君(くん)とあやかさんはどこで会(あ)いますか。(　　　)

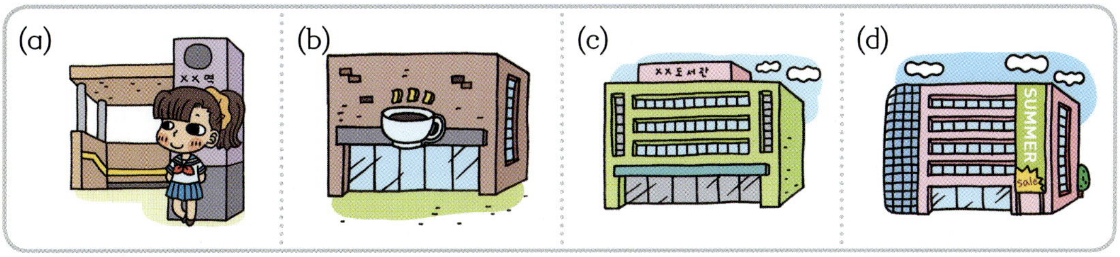

4) テミン君(くん)とあやかさんは昼(ひる)ごはんは何(なに)を食(た)べますか。(　　　)

2. 다음 대화를 잘 듣고 맞으면 ○, 틀리면 ×를 쓰세요.

(1) 今日(きょう)はテミン君(くん)の誕生日(たんじょうび)です。(　　　)

(2) プレゼントはかばんでした。(　　　)

(3) あやかさんとテミン君(くん)は韓国(かんこく)のおもちを食(た)べました。(　　　)

(4) おもちは甘(あま)かったです。(　　　)

한자	뜻	읽는 방법	쓰는 순서	관련어
雲	구름 운	① うん ② くも	雲	雲集 (うんしゅう) 운집 (구름처럼 많이 모임) 雲 (くも) 구름 雲の上 (くものうえ) 구름 위, 궁중
海	바다 해	① かい ② うみ	海	海外 (かいがい) 해외 海 (うみ) 바다 海辺 (うみべ) 해변, 바닷가, 해안
風	바람 풍	① ふう、ふ ② かぜ、かざ	風	風呂 (ふろ) 목욕, 목욕통 風景 (ふうけい) 풍경, 경치 風 (かぜ) 바람
毎	늘 매	① まい ② ～ごと	毎	毎日 (まいにち) 매일, 날마다 毎年 (まいねん) 매년 毎朝 (まいあさ) 매일 아침
来	올 래	① らい ② くる	来	来週 (らいしゅう) 내주, 다음 주 来月 (らいげつ) 내월, 다음 달 来る (くる) 오다

海

GAME 게임

준비물

숫자카드 (1~31) ※ 아리가또 슈퍼 주니어 일본어 1권 부록

게임방법

1. 4~6명씩 조를 만든다.
2. 숫자카드를 섞어 책상 위에 뒤집어 둔다.
3. 첫 번째 학생을 정하고, 첫 번째 학생은 책상 위에 있는 카드 중 두 장을 고른다.
4. 숫자를 확인하고 '~から ~まで'를 이용하여 문장을 말한다.

   예) 3から17まで数(かぞ)えてみましょう。

5. 숫자의 범위가 정해지면 첫 번째 학생을 시작으로 숫자 3부터 시계방향으로 숫자를 말하기 시작한다. 3, 4, 5, 6……. 마지막 숫자 17을 말하게 되는 친구에게 점수를 준다.
6. 그 다음은 마지막 숫자로 점수를 받은 친구가 카드를 뒤집어 게임을 시작한다.
7. 여러 번을 반복하여 가장 많은 점수를 받은 친구가 승~!

일본 친구들은 하루에 TV를 몇 시간 볼까?

일본에서 조사한 결과에 따르면 TV나 비디오(DVD)를 하루에 '3시간 이상' 보는 학생의 비율은 초등학생 23.9%, 중학생 28.8%, 고등학생 16.7%로 중학생이 가장 많았습니다. 중고생들은 TV시청시간과 성적에 연관성이 있는 것으로 나타났으며, 게임을 오래 하는 경우는 중학교 남학생들이 많았습니다.

TV 시청시간과 성적과의 관계를 보면, 중학생 중 평일에 '3시간 이상' 장시간 시청하는 학생의 비율은 성적 상위층이 22.3%, 중간층이 27.0%, 하위층이 38.0%로 하위권 학생들이 많은 것을 알 수 있습니다.

이와 같이 TV 시청시간은 다른 생활영역과 밀접한 관계가 있으며 장시간 시청은 가정 내 학습시간과 학교성적에 부정적인 영향을 주고 있다고 할 수 있습니다.

◆ TV · 비디오(DVD) 시청시간

	거의 보지 않음 ~ 45분 이내	1시간 ~ 1시간 30분	2시간 ~ 3시간	3시간 이상
초등학생 (4240명)	16.3%	25.3%	33.7%	23.9%
중학생 (4550명)	11.1%	19.1%	40.4%	28.8%
고등학생 (6051명)	14.3%	26.9%	41.9%	16.7%

※ 무응답: 초등학생 0.7% 중학생 0.6% 고등학생 0.2%

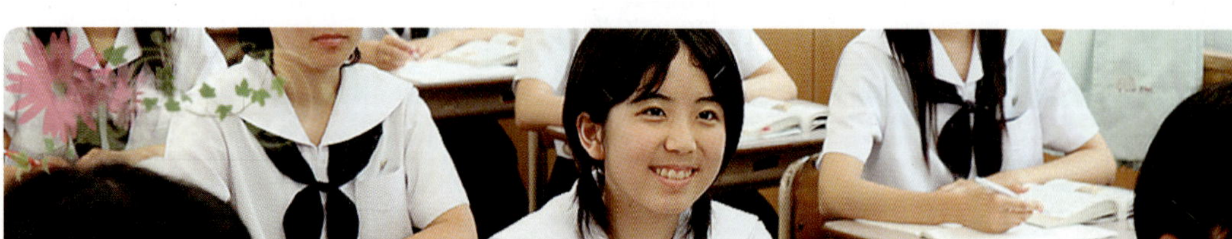

10과 おすしを食べたことがありますか。

초밥을 먹은 적이 있습니까?

학습목표

- 「~た형 + ことがある」 경험 표현
- 「명사 + ほしい」 말하는 사람의 희망, 요구 표현학습

마인드맵

おすし

冷麺(れいめん)

ケーキ

食(た)べたことがありますか。

日本(にほん)のアニメを見(み)たことがありますか。

日本(にほん)のまんがを読(よ)んだことがありますか。

車(くるま)がほしいです。

デジカメが
ほしいです。

お金(かね)がほしいです。

友(とも)だちがほしいです。

10課(か) おすしを食(た)べたことがありますか。

佐藤先生(さとうせんせい) テミン君(くん)はおすしを食(た)べたことがありますか。

テミン はい、食(た)べたことがあります。

佐藤先生(さとうせんせい) 日本(にほん)のアニメも見(み)たことがありますか。

テミン もちろん見(み)たことがありますよ。
先生(せんせい)は韓国(かんこく)の冷麺(れいめん)を召(め)し上(あ)がったことがありますか。

佐藤先生(さとうせんせい) いいえ、食(た)べたことがありません。

テミン あやかさんは。

あやか 私は日本(にほん)で食(た)べたことがあります。
テミン君(くん)はいま、何(なに)がほしいですか。

テミン デジカメがほしいです。

새로 나온 단어

- ~たことがあります ~한 적이 있습니다
- おすし 초밥
- もちろん 물론
- れいめん (冷麺) 냉면
- めしあがる (召し上がる) 드시다, 잡수시다
- アメリカじん(人) 미국인
- はなす (話す) 이야기 하다
- しょうせつ (小説) 소설
- いちど (一度) 한 번
- しゃちょう (社長) 사장님
- ぶんぼうぐや (文房具屋) 문방구
- ジエットコースターにの(乗)る 롤러코스터를 타다
- なっとう (納豆) 낫토
- いねむ(居眠)りする (앉아서) 깜박 졸다
- けっせき (欠席) 결석
- ちこく (遅刻) 지각
- デジカメ 디지털 카메라

문법공부

1 ~たことがある(ない) ~한 적이 있다 (없다) 경험

例) ぼくは日本のアニメを見たことがあります。

私の弟は日本へ行ったことがありません。

アメリカ人と話したことがあります。

中国の小説はまだ一度も読んだことがないです。

2 召し上がる 잡수시다, 드시다 존경어

例) 先生は韓国の冷麺を召し上がったことがありますか。

どうぞ、召し上がってください。

社長はケーキを召し上がりませんでした。

3 ~がほしい ~을/를 갖고(하고) 싶다, 원하다 어휘

例) いま、何がほしいですか。

ぼくはデジカメがほしいです。

私は何もほしくないです。

문형연습

다음과 같이 말해 볼까요?

1. テミン君(くん)はおすしを食(た)べたことがありますか。
　①テミン君　②おすし　③食べた

はい、食(た)べたことがあります。 긍정
　③食べた

いいえ、食(た)べたことがありません。 부정
　③食べた

例)

1)	あやかさん キムチ 食(た)べる (부정)	2)	ボラさん 日本(にほん)のまんが 読(よ)む (긍정)	3)	けんじ君(くん) 韓国(かんこく)の歌(うた) 聞(き)く (부정)

2. 昨日(きのう)、文房具屋(ぶんぼうぐや)で鉛筆(えんぴつ)を買(か)った。
　①文房具屋　②鉛筆　③買った

例)

1)	レストラン とんカツ 食(た)べる	2)	図書館(としょかん) 英語(えいご)の勉強(べんきょう) する	3)	駅(えき)の前(まえ)で 友(とも)だち 待(ま)つ

3. いま、何(なに)がほしいですか。

デジカメがほしいです。
　①デジカメ

例)

1)	お金(かね)	2)	友達(ともだち)	3)	牛乳(ぎゅうにゅう)

회화연습

다음 그림을 보고 보기와 같이 말해 보세요.

1) 보기 おすしを食(た)べたことがありますか。

はい、食(た)べたことがあります。

답 ________を________ことがありますか。

はい、________ことがあります。

2) 보기 昨日(きのう)、文房具屋(ぶんぼうぐや)で鉛筆(えんぴつ)を買(か)った。 (보통체의 과거형)

답 昨日(きのう)、__________で_________を_______________。

연습문제

1. 보기와 같이 완성하세요.

> **보기** 納豆を食べたことがありますか。
> → はい、食べたことがあります。
> → いいえ、食べたことがありません。

1) ジェットコースターに乗ったことがありますか。

→はい、＿＿＿＿＿＿＿＿＿＿＿＿＿＿＿＿＿＿＿＿。

→いいえ、＿＿＿＿＿＿＿＿＿＿＿＿＿＿＿＿＿＿＿。

2) バスで居眠りしたことがありますか。

→はい、＿＿＿＿＿＿＿＿＿＿＿＿＿＿＿＿＿＿＿＿。

→いいえ、＿＿＿＿＿＿＿＿＿＿＿＿＿＿＿＿＿＿＿。

3) 日本の歌を歌ったことがありますか。

→はい、＿＿＿＿＿＿＿＿＿＿＿＿＿＿＿＿＿＿＿＿。

→いいえ、＿＿＿＿＿＿＿＿＿＿＿＿＿＿＿＿＿＿＿。

2. 보기와 같이 완성하세요.

> **보기** 学校を欠席する(X)　遅刻する(O)
> → 学校を欠席したことはありませんが、遅刻したことはあります。

1) 日本のまんがを読む(X)、アニメを見る(O)

→＿＿＿＿＿＿＿＿＿＿＿＿＿＿＿＿＿＿＿＿＿＿＿＿＿。

2) 日本のドラマを見る(X)、映画を見る(O)

→＿＿＿＿＿＿＿＿＿＿＿＿＿＿＿＿＿＿＿＿＿＿＿＿＿。

듣기연습

1. 대화를 잘 듣고 무엇을 갖고 싶은지 그림을 연결하세요.

(1) あやか　(2) テミン　(3) 原田(はらだ)　(4) 佐藤(さとう)

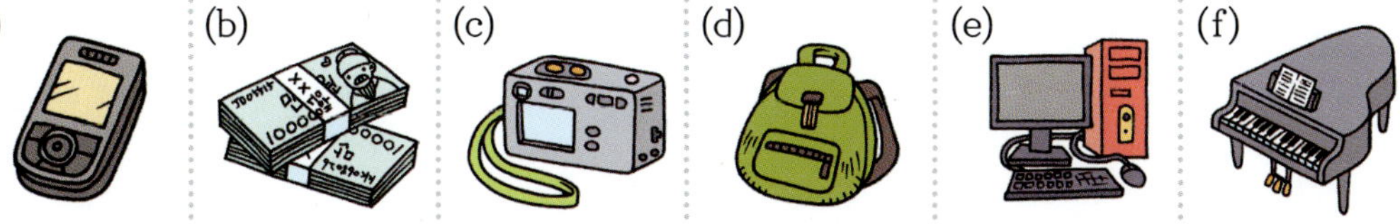

(a)　(b)　(c)　(d)　(e)　(f)

2. 대화를 잘 듣고 경험이 있으면 ○, 없으면 ×를 쓰세요.

		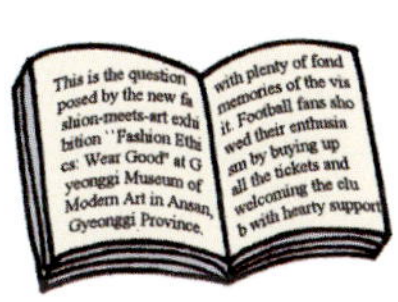	
 (1) あやか			
 (2) テミン			
 (3) 原田(はらだ)			

한자공부

한자	뜻	읽는 방법	쓰는 순서	관련어
色	빛 색	① しき、しょく ② いろ	色	特色 (とくしょく) 특색 色 (いろ) 색, 빛, 빛깔 色紙 (いろがみ) 색종이
星	별 성	① せい、じょう ② ほし	星	星座 (せいざ) 성좌, 별자리 星 (ほし) 별 星影 (ほしかげ) 별빛
光	빛 광	① こう ② ひかり	光	光景 (こうけい) 광경, 풍경 光線 (こうせん) 광선 光 (ひかり) 빛
強	강할 강	① きょう、ごう ② つよい ③ しいる	強	強力 (きょうりょく) 강력 勉強 (べんきょう) 공부 強い (つよい) 강하다
弱	약할 약	① じゃく ② よわい	弱	弱点 (じゃくてん) 약점 弱い (よわい) 약하다 弱虫 (よわむし) 겁쟁이

星

GAME 게임

게임방법

1. 6~10명씩 조를 만든다.
2. 순서를 정한 뒤 첫 번째 학생이 나머지 조원들에게 **'~た ことは ありますか。'** 를 사용하여 질문을 한다.
3. 나머지 조원들은 동시에 **'はい'** 와 **'いいえ'** 로만 대답한다.
   대답할 때 **'はい'** 의 경우는 손을 들어 **'いいえ'** 와 구분할 수 있도록 한다.
4. 대답의 수가 많은 쪽으로 1점씩 점수를 준다.

예) すしを 食(た)べた ことが ありますか。

학생 1　はい。

학생 2　はい。

학생 3　いいえ。

학생 4　はい。

학생 5　いいえ。

의 경우 1, 2, 4번 학생에게 1점씩 준다.

5. 조원 한 명씩 2~3번 질문을 하여 가장 많은 점수를 얻은 학생이 승~!

다른 친구들의 평소 공부시간이 궁금해!

한국 VS 일본 VS 중국
공부시간을 겨루어 볼까?

학습시간 비교

	숙제하는 시간	집에서 공부하는 시간	학원에 가는 시간	총
서울(한국)	39.5분	26.7분	79.6분	145.8분(分)
도쿄(일본)	33.4분	29.2분	38.5분	101.1분(分)
베이징(중국)	60분	28.9분	42.7분	131.6분(分)

도쿄와 서울, 베이징의 중학생에게 학습시간을 물어본 결과를 정리하면 위와 같은 표가 됩니다. 우리나라 학생들의 학습시간이 가장 긴 것으로 나왔네요. 특히 학원에서 공부하는 시간이 눈에 띄는군요. 여러분은 어떻게 생각하세요? 중국 친구들은 숙제하는 시간이 가장 길게 나왔네요. 학교 과제가 많은가 봅니다.

11과

歯を磨いた方がいいです。

이를 닦는 편이 좋습니다

학습목표

- 동사의 보통체 부정형 만들기와 표현문형 익히기
- 조언, 충고의 표현문형 익히기

마인드맵

今朝から喉が痛いです。
じゃ、病院へ行った方がいいです。
寝る前には歯を磨いた方がいいですよ。
甘い物も食べない方がいいですよ。
お風呂に入ってもいいですか。
入らない方がいいです。

11課 歯(は)を磨(みが)いた方(ほう)がいいです。

田中先生(たなかせんせい)　あやかさんは寝(ね)る前(まえ)に歯(は)を磨(みが)きますか。

あやか　はい、磨(みが)きます。

田中先生(たなかせんせい)　テミン君(くん)は。

テミン　ぼくは磨(みが)きません。へへへ……。

あやか　ええ? 汚(きたな)い。

田中先生(たなかせんせい)　寝(ね)る前(まえ)には歯(は)を磨(みが)いた方(ほう)がいいですよ。
それから、甘(あま)い物(もの)も食(た)べない方(ほう)がいいですね。

テミン　もちろん分(わ)かっていますが、
面倒(めんどう)くさいですから。
へへへ……。

새로 나온 단어

きたない (汚い) 더럽다
あまい (甘い) 달다
あまいもの (甘い物) 단 것 (단 음식)
たべない (食べない) 먹지 않다
ほう (方) 쪽, 편
わかる (分かる) 알다, 이해하다
めんどうくさい (面倒くさい) 번거롭다, 아주 귀찮다
たくさん 많이, 잔뜩
おさけ (お酒) 술
めいわく (迷惑) 폐, 귀찮음
めいわく (迷惑)をかける 폐를 끼치다
あぶない (危ない) 위험하다, 위태롭다
ぐっすり (깊이 잠든 모양) 푹
さかな (魚) 생선
よやくする (予約する) 예약하다
しけんをうける (試験を受ける) 시험을 치다, 보다
とめる (止める) 세우다

문법공부

1 ~た方(ほう)がいい ~하는 편이 좋다 조언, 충고

例(れい)) 寝(ね)る前(まえ)に歯(は)を磨(みが)いた方(ほう)がいいです。
風邪(かぜ)を引(ひ)いているときは早(はや)く寝(ね)た方(ほう)がいいです。
中学生(ちゅうがくせい)のときは本(ほん)をたくさん読(よ)んだ方(ほう)がいいです。

2 동사의 ない형 ~하지 않다 보통체의 부정형

1그룹 동사 (5단 동사) : う단 → あ단 + ない
【주의】 買(か)う → 買(か)わない (O)、買(か)あない (X)　ある → ない (O)、あらない (X)
2그룹 동사 (1단 동사) : る → ない
3그룹 동사 (변격 동사) : くる → こない | する → しない

예) 会(あ)う → 会(あ)わない 만나다
行(い)く → 行(い)かない 가다
話(はな)す → 話(はな)さない 말하다
待(ま)つ → 待(ま)たない 기다리다
遊(あそ)ぶ → 遊(あそ)ばない 놀다
帰(かえ)る → 帰(かえ)らない 돌아가(오)다
起(お)きる → 起(お)きない 일어나다
見(み)る → 見(み)ない 보다
食(た)べる → 食(た)べない 먹다

3 ~ない方(ほう)がいい ~하지 않는 편이 좋다 조언, 충고

例(れい)) 寝(ね)る前(まえ)に食(た)べない方(ほう)がいいです。
お酒(さけ)は飲(の)まない方(ほう)がいいです。
人(ひと)に迷惑(めいわく)をかけない方(ほう)がいいです。

4 ~から ~(이기) 때문에, ~이어서, ~이니까 원인, 이유

例(れい)) 用事(ようじ)があるから、ぼくは早(はや)く帰(かえ)ります。
冬(ふゆ)は寒(さむ)いですから、嫌(きら)いです。
あそこは危(あぶ)ないですから、行(い)かない方(ほう)がいいです。

문형연습

다음과 같이 말해 볼까요?

1. 寝る前に歯を磨いた方がいいです。
①寝る ②歯を磨いた

例)

1) 食事する / 手を洗う
2) 旅行する / ホテルを予約する
3) 試験を受ける / ぐっすり寝る

2. 用事があるから、ぼくは行かない。
①用事がある ②ぼく ③行かない

例)

1) あのかばんは高い / 私 / 買う
2) 魚は嫌いだ / 私 / 食べる
3) このまんがはおもしろくない / ぼく / 読む

3. あそこは危ないですから、行かない方がいいです。
①あそこは危ない ②行かない

例)

1) このかばんは高い / 買う
2) あの本は難しい / 読む
3) ここは店の前 / 車を止める

회화연습

다음 그림을 보고 보기와 같이 말해 보세요.

1) 보기 寝(ね)る前(まえ)に歯(は)を磨(みが)いた方(ほう)がいいです。

답 ＿＿＿＿＿前(まえ)に＿＿＿＿＿を＿＿＿＿＿方(ほう)がいいです。

2) 보기 お酒(さけ)は飲(の)まない方(ほう)がいいです。

답 ＿＿＿＿＿(で)は＿＿＿＿＿ない方(ほう)がいいです。

연습문제

1. 다음 보기와 같이 밑줄 친 부분을 완성하세요.

보기 봘일이 있기 때문에 나는 가지 않는다.
→ 用事(ようじ)があるから私(わたし)は行(い)かない。

1) 저 시계는 비싸기 때문에 나는 사지 않겠다.
→ あの時計(とけい)は高(たか)いから私は＿＿＿＿＿＿＿＿。

2) 파(대파)를 싫어하기 때문에 나는 먹지 않는다.
→ ながねぎが嫌(きら)いだから私は＿＿＿＿＿＿＿＿。

3) 이 소설은 재미없어서 나는 읽지 않는다.
→ この小説(しょうせつ)は面白(おもしろ)くないから私は＿＿＿＿＿＿＿＿。

4) 커피를 좋아하지 않기 때문에 나는 마시지 않는다.
→ コーヒーが好(す)きじゃないから私は＿＿＿＿＿＿＿＿。

5) 시간이 없어서 애니메이션은 보지 않는다.
→ 時間(じかん)がないからアニメは＿＿＿＿＿＿＿＿。

2. 다음 단어를 이용하여 우리말을 일본어 문장으로 완성하세요.

보기 [たばこ | 体(からだ)に悪(わる)い | やめる] 담배는 몸에 안 좋기 때문에 끊는 편이 좋습니다.
→ たばこは体(からだ)に悪(わる)いからやめた方(ほう)がいいです。

1) [体(からだ)の調子(ちょうし) | よい | 休(やす)む] 몸 컨디션이 좋지 않기 때문에 쉬는 편이 좋습니다.
→ ＿＿＿＿＿＿＿＿。

2) [働(はたら)きすぎる(과로하다) | ぐっすり(충분히) | 寝(ね)る] 과로했기 때문에 충분히 자는 편이 좋다.
→ ＿＿＿＿＿＿＿＿。

3) [風邪(かぜ)を引(ひ)く | お風呂(ふろ)に入(はい)る] 감기 걸렸기 때문에 목욕하지 않는 편이 좋다.
→ ＿＿＿＿＿＿＿＿。

4) [スーパー | 高(たか)い | 買(か)う] 저 수퍼마켓은 비싸기 때문에 안 사는 편이 좋습니다.
→ ＿＿＿＿＿＿＿＿。

듣기연습

1. 대화를 잘 듣고 무엇을 하는 것이 좋은지 그림에서 찾아보세요.

1) (　　　　　)

2) (　　　　　)

3) (　　　　　)

4) (　　　　　)

2. 대화를 듣고 하는 편이 좋은 일에는 ○, 하지 않는 편이 좋은 일에는 ×를 쓰세요.

(1) (　　　　)　(2) (　　　　)　(3) (　　　　)　(4) (　　　　)

한자공부

한자	뜻	읽는 방법	쓰는 순서	관련어
運	돌 운	① うん ② はこぶ	運	運転 (うんてん) 운전 運動 (うんどう) 운동 運ぶ (はこぶ) 나르다, 운반하다
転	구를 전	① てん ② ころぶ	転	転勤 (てんきん) 전근 転学 (てんがく) 전학 転ぶ (ころぶ) 구르다, 넘어지다
待	기다릴 대	① たい ② まつ	待	待遇 (たいぐう) 대우 招待 (しょうたい) 초대 待つ (まつ) 기다리다
話	말할 화	① わ ② はなす	話	話題 (わだい) 화제, 이야깃거리 会話 (かいわ) 회화 話す (はなす) 이야기하다, 말하다
定	정할 정	① てい、じょう ② さだめる	定	定食 (ていしょく) 정식 定規 (じょうぎ) 자 定める (さだめる) 정하다, 결정하다

待

GAME 게임

준비물

동사 그림카드, 동사 글자카드

게임방법

1. 4~6명씩 조를 만든다.
2. 동사 그림카드와 글자카드를 나누어 가지런히 뒤집어 둔다.
3. 순서를 정한 후, 첫 번째 학생이 그림카드와 글자카드 한 장씩 선택하여 뒤집는다.

〈동사 그림카드〉

〈동사 글자카드〉

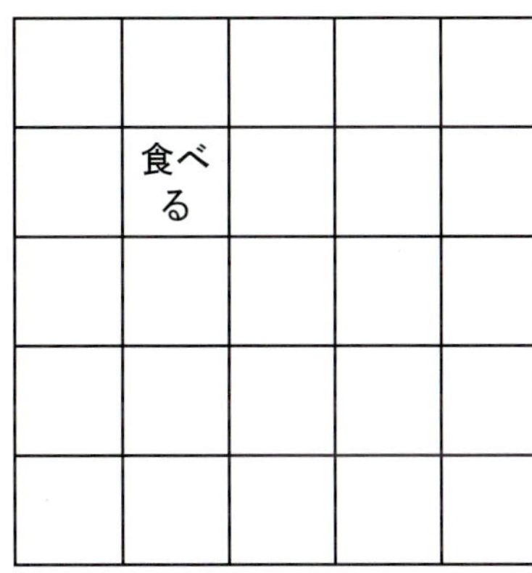

4. 이 때 같은 글자카드와 그림카드의 짝이 맞으면 그 동사의 **ない**형을 말한 후 두 장의 카드를 가져가고, 동사의 짝이 맞지 않거나 동사의 **ない**형을 바르게 말하지 못한 경우는 카드를 다시 제자리에 엎어둔다.
5. 순서대로 카드를 뒤집고, 카드가 없어질 때까지 반복하여 가장 많은 카드를 가져간 사람이 승~!

숫자로 본 일본의 중학교 생활

이 다음에 커서 뭐가 되고 싶어?
– 일본 중학생들의 장래희망

남자

순위	장래희망	%	인원수
1	야구선수	14.6	83
2	축구선수	11.8	67
3	연구자, 대학교수	4.4	25
4	의사	4.1	23
5	회사원	3.9	22
6	기타 직업 (직종불명)	3.9	22
7	기타 스포츠선수	2.1	12
8	전문직	1.9	11
8	음식점 주인, 점원	1.9	11
10	요리사, 주방장	1.8	10
11	작가, 소설가	1.4	8
11	농구선수	1.4	8
13	수의사	1.2	7
13	연예인 (가수, 성우, 개그맨)	1.2	7
16	학교 선생님	1.1	6
16	법률가 (변호사, 판사, 검사)	1.1	6
16	미술가 (화가, 사진작가)	1.1	6
16	음악가 (피아니스트, 바이올리니스트)	1.1	6
16	스포츠 트레이너	1.1	6
16	스포츠 관련 직업 (직종불명)	1.1	6
16	파일럿	1.1	6

◆ 무응답 12.3 70
◆ 아직 정하지 않음 3.9 22
◆ 없음 1.9 11

여자

순위	장래희망	%	인원수
1	보육원, 유치원 선생님	6.2	33
1	패션 디자이너, 디자이너	6.2	33
3	연예인 (가수, 성우, 개그우먼)	5.1	27
4	케익가게 주인, 파티셰	4.9	26
5	의사	4.1	22
6	기타 직업 (직종불명)	3.6	19
7	음악가 (피아니스트, 바이올리니스트)	3.4	18
8	학교 선생님	3.2	17
9	미용사, 이발사	2.8	15
10	스포츠 트레이너	2.4	13
10	만화가, 일러스트레이터	2.4	13
10	간호사	2.4	13
13	수의사	2.3	12
13	동물 조련사, 동물원 사육사	2.3	12
13	댄서	2.3	12
16	작가, 소설가	1.9	10
16	트리머	1.9	10
16	꽃가게 주인	1.9	10
19	약사	1.7	9
19	기타 교육직	1.7	9
19	스튜어디스	1.7	9

◆ 무응답 7.7 41
◆ 아직 정하지 않음 3.4 18

12과 キムチは食(た)べることができますか。

김치는 먹을 수 있습니까?

학습목표

- 동사의 가능형 만들기
- 동사 가능표현 익히기

마인드맵

読(よ)む

読(よ)めます。

読(よ)むことができます。

読(よ)めません。

読(よ)むことができません。

キムチは
食べることが
できますか。

食べられます。

辛くて食べられません。

日本の食べ物は
何でも
食べられますか。

はい、何でも食べられます。

はい、何でも食べることができます。

12課(か) キムチは食(た)べることができますか。

テミン　あやかさんは韓国語(かんこくご)を読(よ)むことができますか？

あやか　ええ。すこしなら読(よ)むことができますよ。

テミン　えっ、本当(ほんとう)に。

あやか　テミン君(くん)が日本(にほん)へ来(く)る前(まえ)に少(すこ)し勉強(べんきょう)したことがあります。

テミン　キムチは食(た)べることができますか？

あやか　いいえ、キムチは辛(から)くて食(た)べられません。
テミン君(くん)は日本(にほん)の食(た)べ物(もの)は何(なん)でも食(た)べられますか？

テミン　はい、何(なん)でも食(た)べられますよ。

あやか　うそでしょう。

テミン　本当(ほんとう)ですよ。

새로 나온 단어

できます 할 수 있습니다
ほんとうだ (本当だ) 정말이다, 사실이다, 진짜다
ほんとうに (本当に) 정말로
すこし (少し) 조금
~なら ~(이)라면
たべもの (食べ物) 음식물, 먹을 것
なんでも (何でも) 무엇이든지
うそ 거짓말
なっとう (納豆) 낫토. 삶은 콩을 발효시킨 식품
のぼる (登る) (높은 곳으로) 올라가다
たべられる (食べられる) 먹을 수 있다
れいぞうこ (冷蔵庫) 냉장고
はこぶ (運ぶ) 나르다
おもい (重い) 무겁다

문법공부

1 동사의 기본형＋ことができる (できない)
~할 수 있다 (없다)

가능의 문형 표현

例)　キムチは食べることができますか。

あやかさんは韓国語を読むことができますか。

私はカタカナを書くことができません。

2 ~が＋동사의 가능형 ~을/를 할 수 있다

1그룹 동사 (5단 동사) : う단 → え단 + る

2그룹 동사 (1단 동사) : る → られる

3그룹 동사 (변격 동사) : くる → こられる | する → できる

예)	会う → 会える 만나다	行く → 行ける 가다	話す → 話せる 말하다
	待つ → 待てる 기다리다	遊ぶ → 遊べる 놀다	帰る → 帰れる 돌아가(오)다
	起きる → 起きられる 일어나다	見る → 見られる 보다	食べる → 食べられる 먹다

例)　ぼくはさしみが食べられます。

あやかさんは韓国語が読めますか。

私はカタカナが書けません。

문형연습

다음과 같이 말해 볼까요?

1. あやかさんは韓国語を読むことができますか。
①あやかさん ②韓国語 ③読む

はい、すこしなら読むことができます。③ 긍정

いいえ、読むことができません。③ 부정

例)

1)	2)	3)
テミン君	妹さん	ボラさん
納豆	ひらがな	日本の歌
食べる	書く	歌う

2. キムチを食べることができますか。
①キムチ ②食べる

いいえ、辛くて食べられません。
③辛くて食べられ

例)

1)	2)	3)
冷蔵庫	漢字	日本の新聞
運ぶ	書く	読む
重い ｜ 運ぶ	難しい ｜ 書く	漢字が多い ｜ 読む

회화연습

다음 그림을 보고 보기와 같이 질문에 답해 보세요.

1) 보기 韓国語(かんこくご)を読(よ)むことができますか。

はい、すこしなら読(よ)むことができます。

답 ＿＿＿＿＿を＿＿＿＿ことができますか。

はい、すこしなら＿＿＿＿ことができます。

2) 보기 キムチを食(た)べることができますか。

いいえ、辛(から)くて食(た)べられません。

답 ＿＿＿＿＿を＿＿＿＿ことができますか。

いいえ、＿＿＿＿くて＿＿＿＿＿。

연습문제

1. 다음 중 가능표현으로 부적합한 것을 모두 골라 (✓) 표시하세요.

1) 読(よ)む 책을 읽을 수 있다

① 本(ほん)を読(よ)むことができる。(　　)

② 本(ほん)を読(よ)まれる。(　　)

③ 本(ほん)を読(よ)める。(　　)

2) 会(あ)う 그를 만날 수 없다

① 彼(かれ)に会(あ)えない。(　　)

② 彼(かれ)に会(あ)うことができない。(　　)

③ 彼(かれ)に会(あ)われない。(　　)

3) 食(た)べる 이것은 먹을 수 있다

① これは食(た)べることができる。(　　)

② これは食(た)べらない。(　　)

③ これは食(た)べられる。(　　)

4) 見(み)る 볼 수 있다

① 博物館(はくぶつかん)は何時(なんじ)からみえますか。(　　)

② 博物館(はくぶつかん)は何時(なんじ)まで見(み)ることができますか。(　　)

③ 博物館(はくぶつかん)は何時(なんじ)まで見(み)られますか。(　　)

2. 다음 대화를 완성하세요.

1) A：あやかさんは韓国語(かんこくご)が読(よ)めますか。

B：ええ、すこしなら＿＿＿＿＿＿＿＿＿＿＿＿。(읽을 수 있습니다)

2) A：えっ、本当(ほんとう)に＿＿＿＿＿＿＿＿＿＿＿＿。(읽을 수 있습니까)

B：ええ、日本(にほん)へ来(く)る前(まえ)に少(すこ)し勉強(べんきょう)したことがあります。

3) A：キムチは食(た)べられますか。

B：いいえ、キムチは＿＿＿＿＿＿＿＿＿＿。(매워서 먹을 수 없습니다)

4) A：テミン君(くん)はギターが弾(ひ)けますか。 ※ ギター 기타

B：いいえ、ギターは＿＿＿＿＿＿＿＿＿＿、(못칩니다만)

ピアノは弾(ひ)けます。(칠 수 있습니다)

5) A：この図書館(としょかん)では本(ほん)が借(か)りられますか。

B：すみませんが学生証(がくせいしょう)がなければ＿＿＿＿＿＿＿＿＿＿＿＿。

(빌릴 수 없습니다)

※ 学生証(がくせいしょう) 학생증　なければ 없으면　借(か)りる 빌리다

듣기연습

1. 대화를 잘 듣고 할 수 있으면 ○, 없으면 ×를 쓰세요.

1) あやか

(　　　　) (　　　　) (　　　　) (　　　　)

2) テミン

(　　　　) (　　　　) (　　　　) (　　　　)

2. 다음 대화를 듣고 각각 어떤 것을 할 수 있는지 선으로 연결하세요.

(1) あやか　(2) テミン　(3) 山田(やまだ)　(4) ボラ

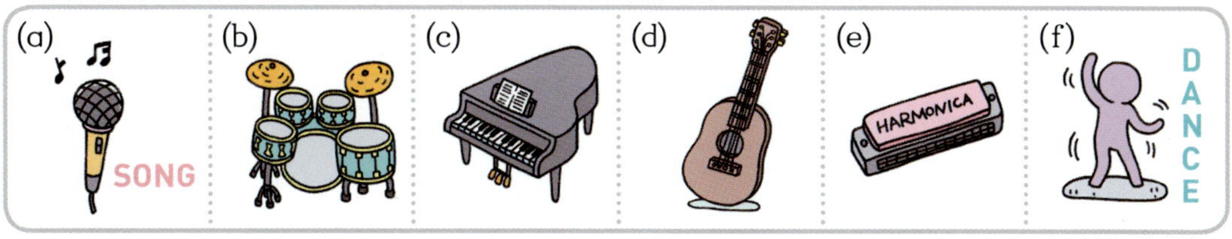

※ 文化祭(ぶんかさい) 문화제　ギター 기타　ダンス 댄스, 춤

한자공부

한자	뜻	읽는 방법	쓰는 순서	관련어
禁	금할 금	① きん	禁	禁止 (きんし) 금지 禁煙 (きんえん) 금연, 담배를 못 피우게 함 禁じる (きんじる) 금지하다, 못하게 하다
止	그칠 지	① し ② とめる、やむ	止	停止 (ていし) 정지 止める (とめる) 멈추다, 정지하다 止む (やむ) 그만두다, 그치다
新	새로울 신	① しん ② あたらしい	新	新聞 (しんぶん) 신문 新刊 (しんかん) 신간, 새로 간행한 책 新しい (あたらしい) 새롭다, 싱싱하다
家	집 가	① か、が ② いえ、うち	家	家族 (かぞく) 가족, 집안 식구 家庭 (かてい) 가정, 한 집안 家 (いえ) 집, 가정, 집안
帰	돌아갈 귀	① き ② かえる	帰	帰国 (きこく) 귀국, 자기 나라로 돌아 옴, 또는 돌아 감 帰る (かえる) 돌아가다, 돌아오다 帰家 (きか) 귀가

家

GAME 게임

준비물

장소카드

게임방법

1. 4~6명씩 조를 만든다.
2. 장소 카드를 준비하고 카드는 섞어서 책상 위에 골고루 뒤집어 둔다.
3. 순서를 정한 후, 첫 번째 학생은 카드를 한 장 뒤집어 장소를 조용히 확인한다.
4. 나머지 학생들은 가능형 문장으로 질문을 하여 장소를 맞혀야 한다.

   첫 번째 학생은 **'はい'**, **'いいえ'** 로만 대답해야 한다.

   예) 학생 2 ごはんが食(た)べられますか。

   학생 1 いいえ。

   학생 3 本(ほん)が読(よ)めますか。

   학생 1 はい。

   학생 2 教室(きょうしつ)ですか。

   학생 1 いいえ。

   학생 4 図書館(としょかん)ですか。

   학생 2 はい。そうです。

   가장 먼저 장소를 맞힌 학생에게 카드를 준다.
5. 같은 방법으로 한 바퀴를 돌고 마지막에 가장 많은 카드를 가진 학생이 승~!

숫자로 본
일본의 중학교 생활

너는 학교 끝나고 뭐하니?
– 일본 중학생들의 방과후 일과

중학생들이 평일 방과후에 잘 노는 장소는 자기 집 (30.5%), 친구네 집 (11.3%), 학교 교실 (9.4%) 순으로 가장 많았습니다.

그 밖에 게임센터나 노래방 (8.4%), 책이나 비디오 대여점 (6.7%), 편의점이나 슈퍼 등 동네 가게 (6.4%), 백화점 등이 있는 번화가 (5.3%) 등도 있습니다.

◆ 일본 중학생들이 평일 방과후 잘 노는 장소

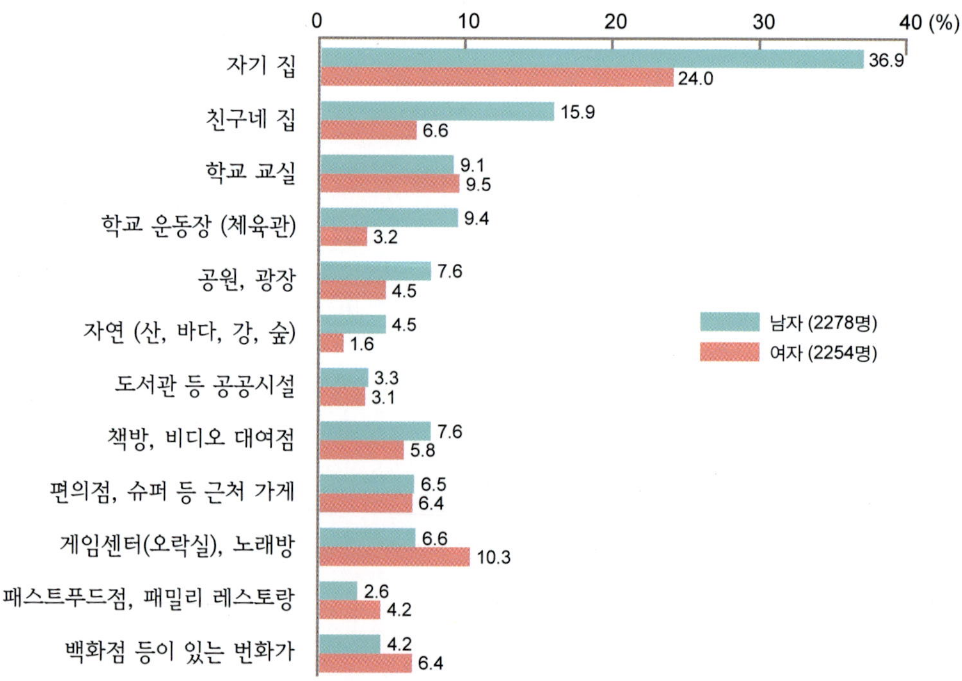

종합 TEST

※ 괄호 안에 들어갈 적당한 말을 고르세요.

1. おはようございます。(　　　　　　) 何時に寝ましたか。

　① 昨日　　② 今日　　③ 朝　　④ あさって

2. ご飯はちゃんと (　　　　　　) か。

　①します　　② たべます　　③ のみます　　④ だいじょうぶです

3. いいえ、食べません。牛乳 (　　　　　　) です。

　① から　　② だけ　　③ ごろ　　④ なら

※ 동사의 어미변화가 바르게 되어있는 단어를 고르시오.

4. 昨日駅の前の本屋で日本語の本を<u>買う</u>。

　① 買きました　　② 買いました　　③ 買りました　　④ 買うました

5. 昨日は一日中雨が降ったのでうちに<u>いる</u>。

　① いりました　　② ありました　　③ いました　　④ あります

6. もう、こんな時間ですか。そろそろ家に<u>かえる</u>。

　① かえます　　② かえりです　　③ かえります　　④ かえりました

※ 다음 문장 중 자연스럽지 않은 부분을 찾아 바르게 고치시오.

7. 明日試験なので今日は友達が一緒に勉強します。

　⇒ (　　　　　　　　　　　　　　　　　　)

8. 日本の冬はとてもさむいます。

　⇒ (　　　　　　　　　　　　　　　　　　)

9. 昨日雨がふきましたね。

　⇒ (　　　　　　　　　　　　　　　　　　)

10. 先生、日本語勉強は難しいですか。

　⇒ (　　　　　　　　　　　　　　　　　　)

※ 괄호 안에 들어갈 적당한 말을 고르세요.

1. あそこに先生が＿＿＿＿＿＿＿＿。

① あります　② います　③ ありません　④ いいです

2. 駅の近くに本屋が＿＿＿＿＿＿＿＿。

① いません　② となりです　③ います　④ あります

3. 机の上＿＿＿本があります。

① が　② を　③ に　④ へ

4. あそこに白い建物＿＿＿あります。

① が　② を　③ でも　④ も

5. A: 子犬はどこに＿＿＿＿＿＿＿＿。

B: 子犬は机の＿＿＿＿に＿＿＿＿＿＿＿。

6. A: 本はどこに＿＿＿＿＿＿＿。

B: 本は机の＿＿＿＿に＿＿＿＿＿＿＿。

7. A: 机のうえに本がありますか。　B: いいえ、＿＿＿＿＿＿＿＿＿。

① そうですね　② いません　③ そうではありません　④ ありません

8. A: 本はどこにありましたか。　B: 本はかばんの中に＿＿＿＿＿＿。

① ありました　② ありませんでした　③ いませんでした　④ いません

※ 다음 문장을 읽고 질문에 답하세요. (문9～10)

ここは教室です。教室の中にテミンさんとユミさんがいます。
机もあります。机の上にテミンさんのかばんがあります。
ユミさんのかばんはありません。

9. 教室に誰がいますか。

① テミンさん　② ユミさん　③ テミンさんとユミさん　④ 誰もいません

10. テミンさんのかばんはどこにありますか。

① 机の下にあります　② 机の上にあります
③ 机の上にありません　④ 机の隣にありません

※ 괄호 안에 들어갈 적당한 말을 고르세요.

1. 私はキムチ＿＿＿好きです。

① に　② を　③ が　④ へ

2. 韓国料理の＿＿＿でなにが一番好きですか。

① 下　② 上　③ となり　④ 中

3. テミン君は日本のどこへ＿＿＿＿＿＿ですか。

① 食べたい　② 行きたい　③ したい　④ 好き

4. 私は本が＿＿＿＿＿＿です。

① 読みたい　② 読んだい　③ 読むたい　④ 読またい

5. キムチは辛い＿＿＿＿おいしいです。

① たい　② これ　③ けど　④ と

6. 明日僕の友だちが日本＿＿＿＿来ます。

① を　② と　③ で　④ へ

7. 私は日本語の勉強が＿＿＿＿＿です。

① します　② する　③ したい　④ し

8. この漫画はあまり＿＿＿＿＿＿ありません。

① 読む　② 読めたい　③ 読みたい　④ 読みたく

※ 다음 문장을 읽고 질문에 답하세요. (문9～10)

> 韓国の料理の中で一番好きな食べ物はキムチです。
> キムチは辛いけど、とてもおいしいです。
> 私は毎日食べたいです。

9. 私が一番好きな食べ物は何ですか。

① キムチ　② 焼肉　③ ビビンパ　④ ナムル

10. 私はキムチが毎日食べたいですか。

① はい、毎日食べたいです　② はい、毎日食べたくありません
③ いいえ、毎日食べたいです　④ はい、毎日食べたくありません

※ 괄호 안에 들어갈 적당한 말을 고르세요.

1. 父は毎朝6時に (　　　　　　　　　　)、コーヒーを飲みます。

　① 起こって　② 寝て　③ 起きて　④ 寝って

2. いもうとは友だちと一緒に (　　　　　) います。

　① 遊んで　② 遊んだ　③ 遊べて　④ 遊んだり

3. 家で一人でテレビを (　　　　　　　　　) います。

　① 見て　② 診て　③ 見えて　④ 診えて

4. お母さん (　　　　　) 手紙を書いています。

　① から　② に　③ を　④ ので

5. 新しく入った本を (　　　　　　　　)、図書館へ行きます。

　① 借りと　② 借りは　③ 借りに　④ 借っに

6. 明日、一緒に動物園に (　　　　　　　　　　　　　　)。

　① 行きましたか　② 行きません　③ 行きましょうか　④ 行ったでしょうか

※ 다음 네 개의 문장 가운데 밑줄 친 부분의 성격이 다른 하나를 고르시오.

7. ① 今年の2月に大学を卒業しました。　② この薬は食前に飲みます。

　③ 毎朝6時半に起きます。　④ 土曜日に本を買いに行きます。

8. ① 一人で雑誌を読んでいます。　② 家族と一緒にご飯を食べています。

　③ 試験が終わって、久しぶりに映画を見ています。

　④ この時間にはいつも起きています。

※ 주어진 예문을 일본어로 고쳤습니다. 잘못된 곳을 찾으세요.

9. 아침 7시에 일어나 아침식사를 하고 신문을 보고 그리고 회사에 갑니다.

　① 朝7時に起きて、② 朝ごはんを食べて、③ 新聞を読んで、そして
　④ 会社へ行きました。

10. 휴일이어서 친구와 함께 모자를 사러 백화점에 갔습니다.

　① 休みなので ② 友だちも一緒に ③ 帽子を買いに ④ デパートへ行きました。

※ 괄호 안에 들어갈 적당한 말을 고르세요.

1. 寒いので窓を ( ) いいですか。

① 開けたら ② 開けても ③ 閉めたら ④ 閉めても

2. 中学生は車を運転しては ( )。

① いきます ② いけます ③ いきません ④ いけません

3. バス ( ) 行きますか、それとも電車 ( ) 行きますか。

① で、で ② で、に ③ に、に ④ に、で

4. 私は木村 ( ) 申します。どうぞよろしくお願い致します。

①に ② と ③ とも ④ で

5. 今日は授業が早く終わった ( )、友だちと映画を見 ( ) 行きました。

① から、で ② から、から ③ ので、まで ④ ので、に

※ 괄호 안에 넣기에 적당치 않은 것을 고르시오.

※横断歩道(おうだんほどう) 횡단보도

6. 信号が赤なので、横断歩道を渡っては ( )。

① いきません ② いけない ③ いけません ④ だめです

7. 果物を買いに、スーパー ( ) 行ってきました。

① から ② まで ③ へ ④ に

※ 주어진 예문을 일본어로 고쳤습니다. 잘못된 곳을 찾으세요.

8. A: 이 사과, 하나 먹어도 될까요? B: 네, 그렇게 하세요.

A: ① このりんご、 ② ひとり ③ 食べてもいいですか。

B: ④ はい、どうぞ。

9. 학생이기 때문에 담배를 피우면 안 됩니다.

① 学生ですので、 ② たばこを ③ 吸っては ④ いきません。

10. A: 이 음식은 일본어로 무엇이라 합니까? B: 그것은 스시라고 합니다.

A: この食べ物は ① 日本語で ② 何で ③ 言いますか。

B: それは ④ 寿司と言います。

※ 괄호 안에 들어갈 적당한 말을 고르세요.

1. 今朝 (　　　　　　　) ので、食事をしなかった。

   ① いそがしい　② いそがしいだった　③ いそがしかった　④ いそがしいでした

2. あら、先生、かぜ (　　) ひきましたか。

   ① に　② で　③ は　④ を

3. 目が (　　　　　　　) のどもいたいです。

   ① かゆいで　② かゆくない　③ かゆくて　④ かゆかった

4. 昨日は (　　　　　　　) ので、父と散歩しました。

   ① 休日　② 休日だ　③ 休日では　④ 休日だった

※ 다음 대화를 완성하시오.

5. 先生: お母さんはお元気ですか。

   佐藤君: はい、＿＿＿＿＿＿＿＿＿＿＿＿＿＿＿＿＿＿＿。

6. 学生: 先生、黒板のひらがながよく見えません。

   先生: わかりました。では、＿＿＿＿＿＿＿＿＿書きます。

7. 先生: 今日は、早く帰ってゆっくり休んでください。

   ＿＿＿＿＿＿＿＿＿お母さんはどこにいますか。

   テミン: お母さんは家にいます。

※ 다음 예문을 일본어로 써 보세요.

8. 어제 엄마와 함께 산책을 하고 나서, 목욕했습니다.

   ＿＿＿＿＿＿＿＿＿＿＿＿＿＿＿＿＿＿＿＿＿＿＿＿＿＿＿＿＿＿。

9. 볼일이 있어서 빨리 돌아갔습니다.　※用事(ようじ) 볼일

   ＿＿＿＿＿＿＿＿＿＿＿＿＿＿＿＿＿＿＿＿＿＿＿＿＿＿＿＿＿＿。

10. 미까(みか)짱은 피아노를 치면서 노래를 하고 있습니다.

   ＿＿＿＿＿＿＿＿＿＿＿＿＿＿＿＿＿＿＿＿＿＿＿＿＿＿＿＿＿＿。

※ 괄호 안에 들어갈 적당한 낱말을 찾아서 O표 하세요.

1. 0から10 (　　　　) 数えてください。

① で　　② まで　　③ とも　　④ に

2. アメリカ人と (　　　　　) ことがあります。

① 話す　　② 話した　　③ 話たり　　④ 話さない

※ 어느 부분이 틀렸을까요? 찾아서 그 번호에 X표 하세요.

3. 私の弟は日本へ 行くことがありません。 제 동생은 일본에 간 적이 없습니다.

①私の弟　②日本へ　③行く　④ありません

4. このコンピューターの使い方を教えて ください。 이 컴퓨터의 사용법을 가르쳐주세요.

①コンピューター　②使い方　③教えて　④ください

※ 다음의 일본어를 우리말로 해석해보세요.

5. 日本語は漢字の読み方が難しいです。

______________________________。

6. どうぞ、召し上がってください。

______________________________。

※ 다음 밑줄 친 한자는 어떻게 읽을까요? 알맞은 답을 고르세요.

7. 中国の小説はまだ一度も読んだことがないです。

① しょせつ　　② こせつ　　③ しょうせつ　　④ おせつ

8. キムチの作り方を教えてください。

① つくりがた　　② つくりかた　　③ つくりほう　　④ つくりぼう

※ 주어진 단어를 이용하여 우리말을 일본어로 바꾸어보세요.

9. 이 빌딩의 1층부터 5층까지는 백화점입니다.
(デパート、までは、です、５階、１階、から)

このビルの______________________________。

10. 태민 군은 초밥을 먹어본 적이 있습니까?
(食べた、ありますか、ことが、おすしを)

テミン君は______________________________。

※ 다음 문장을 일어로 작문하세요.

1. 김치는 안 먹는다. (キムチ、食べる)

______________________________。

2. 월요일은 바빠서 쉬지 않는다. (月曜日、忙しい、休む)

______________________________。

3. 도서관에서는 이야기하지 않는다. (図書館、話す)

______________________________。

4. 술은 먹지 않습니다. (お酒、飲む)

______________________________。

※ 다음을 알맞게 연결하세요.

5. タバコは • • 食べないほうがいい。

6. この映画は • • 行ったほうがいい。

7. 夜遅くおやつは • • 吸わないほうがいい。

8. 図書館へ • • みたほうがいい。

※ 다음 문장을 가능표현으로 바꾸어보세요

9. わたしは漢字を読む。→ ______________________________。

10. この夏休みには米国へ行く。→ ______________________________。

11. ピアノを弾く。→ ______________________________。

12. この歌を上手に歌う。→ ______________________________。

※ 다음 문장에서 틀린 곳을 찾으세요.

13. 彼はカレーライスを作るものができます。

14. ここでマンガを見られます。

15. 私は漢字が読みられます。

カタカナ와 발음

カタカナ 50음도

	ア단	イ단	ウ단	エ단	オ단
ア	ア a	イ i	ウ u	エ e	オ o
カ	カ ka	キ ki	ク ku	ケ ke	コ ko
サ	サ sa	シ si	ス su	セ se	ソ so
タ	タ ta	チ chi	ツ tsu	テ te	ト to
ナ	ナ na	ニ ni	ヌ nu	ネ ne	ノ no
ハ	ハ ha	ヒ hi	フ hu	ヘ he	ホ ho
マ	マ ma	ミ mi	ム mu	メ me	モ mo
ヤ	ヤ ya		ユ yu		ヨ yo
ラ	ラ ra	リ ri	ル ru	レ re	ロ ro
ワ	ワ wa				ヲ wo

+

ン
n

가타카나는 한자의 일부를 생략하거나, 한자의 획을 모방해서 만든 글자로 외래어를 표기하거나 의성어, 의태어, 또는 동 · 식물의 이름 등을 표기할 때 쓰입니다. 실제로 일본에서는 일상 생활에서 많이 사용되고 있기 때문에 꼭 외워야만 합니다. 가타카나의 장음은 '一'로 표기합니다.

1 청음(清音)

せいおん

1) ア행

ア	イ	ウ	エ	オ
あ	い	う	え	お

2) カ행

カ	キ	ク	ケ	コ
か	き	く	け	こ

3) サ행

サ	シ	ス	セ	ソ
さ	し	す	せ	そ

※ 다음 가타카나를 차례대로 써 보세요.

ア	イ	ウ	エ	オ										
カ	キ	ク	ケ	コ										
サ	シ	ス	セ	ソ										

※ 다음 가타카나의 단어를 써 보고 큰소리로 읽으세요.

イア
귀

イ	ア

オアシス
오아시스

オ	ア	シ	ス

ココア
코코아

コ	コ	ア

ケーキ
케이크

ケ	ー	キ

カカオ
카카오

カ	カ	オ

4) タ행

タ	チ	ツ	テ	ト
た	ち	つ	て	と

5) ナ행

ナ	ニ	ヌ	ネ	ノ
な	に	ぬ	ね	の

6) ハ행

ハ	ヒ	フ	ヘ	ホ
は	ひ	ふ	へ	ほ

7) マ행

マ	ミ	ム	メ	モ
ま	み	む	め	も

※ 다음 가타카나를 차례대로 써 보세요.

タ	チ	ツ	テ	ト										
ナ	ニ	ヌ	ネ	ノ										
ハ	ヒ	フ	ヘ	ホ										
マ	ミ	ム	メ	モ										

※ 다음 가타카나의 단어를 써 보고 큰소리로 읽으세요.

タ	ク	シ	ー

タクシー
택시

テ	ニ	ス

テニス
테니스

ト	マ	ト

トマト
토마토

ナ	イ	フ

ナイフ
나이프

マ	ネ	ー

マネー
돈

ミ	ニ	カ	ー

ミニカー
소형 자동차

8) ヤ행

ヤ		ユ		ヨ
や		ゆ		よ

9) ラ행

ラ	リ	ル	レ	ロ
ら	り	る	れ	ろ

10) ワ행

ワ				ヲ
わ				を

ン
ん

※ 다음 가타카나를 차례대로 써 보세요.

ヤ	ユ	ヨ												
ラ	リ	ル	レ	ロ										
ワ	ヲ	ン												

※ 다음 가타카나의 단어를 써 보고 큰소리로 읽으세요.

ユ	ニ	コ	ー	ン

ユニコーン
유니콘

ワ	イ	ン

ワイン
포도주

レ	ス	ト	ラ	ン

レストラン
레스토랑

ホ	テ	ル

ホテル
호텔

ロ	シ	ア

ロシア
러시아

ラ	ー	メ	ン

ラーメン
라면

2 탁음(濁音)

だくおん

1) ガ행

ガ	ギ	グ	ゲ	ゴ
が	ぎ	ぐ	げ	ご

2) ザ행

ザ	ジ	ズ	ゼ	ゾ
ざ	じ	ず	ぜ	ぞ

3) ダ행

ダ	ヂ	ヅ	デ	ド
だ	ぢ	づ	で	ど

4) バ행

バ	ビ	ブ	ベ	ボ
ば	び	ぶ	べ	ぼ

※ 다음 가타카나를 차례대로 써 보세요.

ガ	ギ	グ	ゲ	ゴ										
ザ	ジ	ズ	ゼ	ゾ										
ダ	ヂ	ヅ	デ	ド										
バ	ビ	ブ	ベ	ボ										

※ 다음 가타카나의 단어를 써 보고 큰소리로 읽으세요.

ラジオ
라디오

ラ	ジ	オ

テレビ
텔레비전

テ	レ	ビ

バス
버스

バ	ス

ビデオ
비디오

ビ	デ	オ

サラダ
샐러드

サ	ラ	ダ

ドア
문

ド	ア

ハンバーガー
햄버거

ハ	ン	バ	ー	ガ	ー

ゲーム
게임

ゲ	ー	ム

3 반탁음(半濁音)

はんだくおん

1) パ행

パ	ピ	プ	ペ	ポ
ぱ	ぴ	ぷ	ぺ	ぽ

4 요음(拗音)

ようおん

キャ きゃ	キュ きゅ	キョ きょ	キャ	キュ	キョ
ギャ ぎゃ	ギュ ぎゅ	ギョ ぎょ	ギャ	ギュ	ギョ
シャ しゃ	シュ しゅ	ショ しょ	シャ	シュ	ショ
ジャ じゃ	ジュ じゅ	ジョ じょ	ジャ	ジュ	ジョ
チャ ちゃ	チュ ちゅ	チョ ちょ	チャ	チュ	チョ

ニャ にゃ	ニュ にゅ	ニョ にょ	ニャ	ニュ	ニョ
ヒャ ひゃ	ヒュ びゅ	ヒョ びょ	ヒャ	ヒュ	ヒョ
ビャ びゃ	ビュ びゅ	ビョ びょ	ビャ	ビュ	ビョ
ピャ ぴゃ	ピュ ぴゅ	ピョ ぴょ	ピャ	ピュ	ピョ
ミャ みゃ	ミュ みゅ	ミョ みょ	ミャ	ミュ	ミョ
リャ りゃ	リュ りゅ	リョ りょ	リャ	リュ	リョ
ティ てぃ	ディ でぃ		ティ	ディ	
ファ ふぁ	フェ ふぇ	フォ ふぉ	ファ	フェ	フォ

※ 다음 가타카나를 차례대로 써 보세요.

パ	ピ	プ	ペ	ポ										

※ 다음 가타카나의 단어를 써 보고 큰소리로 읽으세요.

パ	ー	テ	ィ	ー

パーティー
파티

ピアノ
피아노

ピ	ア	ノ

プ	ロ	ペ	ラ

プロペラ
프로펠러

ポスト
우편함

ポ	ス	ト

キ	ャ	ン	プ

キャンプ
캠프

シャツ
셔츠

シ	ャ	ツ

ジ	ャ	ム

ジャム
잼

ジ	ュ	ー	ス

ジュース
주스

ソ	フ	ァ	ー

ソファー
소파

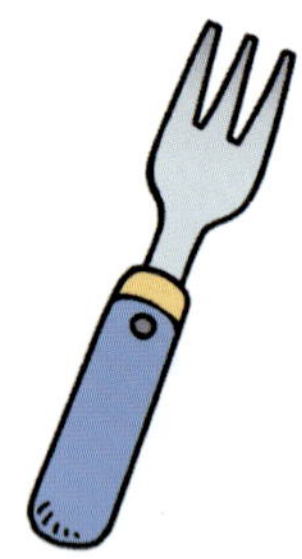

フ	ォ	ー	ク

フォーク
포크

ニュース
뉴스

ニ	ュ	ー	ス

チョコレート
초콜릿

チ	ョ	コ	レ	ー	ト

コ	ン	ピ	ュ	ー	タ	ー

コンピューター
컴퓨터

5 장음(長音[ちょうおん])

가타카나에서의 장음은 '—'로 표기합니다.

※ 다음 단어들을 큰 소리로 따라 읽고 써 보세요.

ケーキ
케이크

ケ	—	キ

スーパー
슈퍼 마켓

ス	—	パ	—

コーヒー
커피

コ	—	ヒ	—

テーブル
테이블

テ	—	ブ	ル

6 촉음(促音[そくおん])

촉음 'ッ'는 우리 말의 받침에 해당하며 ㄱ, ㄷ, ㅂ, ㅅ으로 발음됩니다.

※ 다음 단어들을 큰 소리로 따라 읽고 써 보세요.

サンドイッチ
샌드위치

サ	ン	ド	イ	ッ	チ

ベッド
침대

ベ	ッ	ド

ミュージック
음악

ミ	ュ	ー	ジ	ッ	ク

バッグ
가방(백)

バ	ッ	グ

7 발음(撥音)

발음 'ン' 역시 우리 말의 받침에 해당하며 ㄴ, ㅁ, ㅇ으로 발음됩니다.

※ 다음 단어들을 큰 소리로 따라 읽고 써 보세요.

アンテナ
안테나

ア	ン	テ	ナ

ハンカチ
손수건

ハ	ン	カ	チ

レストラン
레스토랑

レ	ス	ト	ラ	ン

ワンピース
원피스

ワ	ン	ピ	ー	ス

부록

절취선을 따라
오려서 만드세요

국가

かんこく (韓国)	한국
にほん (日本)	일본
ちゅうごく (中国)	중국
アメリカ (米国)	미국
カナダ	캐나다
オーストラリア	호주
オーストリア	오스트리아
イギリス	영국
フランス	프랑스
ドイツ	독일
イタリア	이태리
スイス	스위스
スペイン	스페인
スウェーデン	스웨덴
オランダ	네덜란드
ノルウェー	노르웨이
ヨーロッパ	유럽
ロシア	러시아
ブラジル	브라질

동물

いぬ	개
こいぬ	강아지
ねこ	고양이
うさぎ	토끼
にわとり	닭
うし	소
ぶた	돼지
きつね	여우
くま	곰
りす	다람쥐
きりん	기린
さる	원숭이
ぞう	코끼리
ひつじ	양
ねずみ	쥐
かえる	개구리
わに	악어
ライオン	사자
とら	호랑이

うま	말
たぬき	너구리
パンダ	팬더
カンガルー	캥거루
コアラ	코알라
かめ	거북이
へび	뱀
とり	새
さかな	물고기

해산물

さかな (魚)	생선
たい	도미
さんま	꽁치
いか	오징어
たこ	문어
かい (貝)	조개
わかめ	미역
えび	새우
のり (海苔)	김
こんぶ (昆布)	다시마

육류

ぎゅうにく(牛肉)	쇠고기
とりにく(鶏肉)	닭고기
ぶたにく(豚肉)	돼지고기
たまご(卵)	계란
ハム	햄
ソーセージ	소시지
ベーコン	베이컨

스포츠

テニス	테니스
ゴルフ	골프
サッカー	축구
ボーリング	볼링
スケート	스케이트
ホッケー	하키
バドミントン	배드민턴
マラソン	마라톤

スキー	스키
バレーボール	배구
けんどう (剣道)	검도
じゅうどう (柔道)	유도
たっきゅう (卓球)	탁구
やきゅう (野球)	야구
すいえい (水泳)	수영

과일

すいか	수박
もも	복숭아
りんご	사과
いちご	딸기
オレンジ	오렌지
みかん	귤
ぶどう	포도
バナナ	바나나
かき (柿)	감
くり (栗)	밤
なし (梨)	배
メロン	메론
チェリー	체리
まくわうり	참외

야채

にんじん	당근
はくさい	배추
きのこ	버섯
きゅうり	오이
かぼちゃ	단호박
とうがらし	고추
ピーマン	피망
なす	가지
だいこん	무
ほうれんそう	시금치
たまねぎ	양파
ねぎ	파
にんにく	마늘
しょうが	생강
キャベツ	양배추
トマト	토마토

신체부위

あたま (頭)	머리
かお (顔)	얼굴
め (目)	눈

はな (鼻)	코
くち (口)	입
みみ (耳)	귀
ほお	볼
あご	턱
かみのけ (髪の毛)	머리카락
くび (首)	목
かた (肩)	어깨
わき (脇)	겨드랑이
むね (胸)	가슴
せなか (背中)	등
へそ	배꼽
おなか (お腹)	배
うで (腕)	팔
て (手)	손
こし (腰)	허리
ふともも	허벅지
ひざ (膝)	무릎
ふくらはぎ	종아리
あし (足)	발
かかと	발꿈치

교통

くるま (車)	차
じどうしゃ (自動車)	자동차
でんしゃ (電車)	전철
ちかてつ (地下鉄)	지하철
きしゃ (汽車)	기차
れっしゃ (列車)	열차
じてんしゃ (自転車)	자전거
オートバイ (バイク)	오토바이
ひこうき (飛行機)	비행기
ふね (船)	배
えき (駅)	역
みち (道)	길
どうろ (道路)	도로
のりば (乗り場)	승강장
バスてい (バス停)	버스정거장
きっぷ (切符)	표
チケット (ticket)	티켓
のりかえ (乗り換え)	환승

학교생활

がっこう (学校)	학교
じゅぎょう (授業)	수업
しゅっせき (出席)	출석

けっせき (欠席)	결석
おひるやすみ (お昼休み)	점심시간
なつやすみ (夏休み)	여름방학
しゅくだい (宿題)	숙제
べんきょう (勉強)	공부
しけん (試験)	시험

과목

こくご (国語)	국어
えいご (英語)	영어
にほんご (日本語)	일본어
すうがく (数学)	수학
さんすう (算数)	산수
かがく (科学)	과학
りか (理科)	자연
しゃかい (社会)	사회
おんがく (音楽)	음악
たいいく (体育)	체육
びじゅつ (美術)	미술
かてい (家庭)	가정
どうとく (道徳)	도덕
ぎじゅつ (技術)	기술

문구

じしょ (辞書)	사전
ほん (本)	책
ノート	노트
ボールペン	볼펜
シャープペンシル (シャーペン)	샤프펜슬
えんぴつ (鉛筆)	연필
のり (糊)	풀
ふでばこ (筆箱)	필통
こくばん (黒板)	칠판
したじき (下敷き)	책받침
ものさし	자
さんかくじょうぎ (三角定規)	삼각자
はさみ	가위
かみ (紙)	종이
はこ (箱)	상자
いす (椅子)	의자
つくえ (机)	책상
ごみばこ (ゴミ箱)	쓰레기통

직업

きょうし (教師)	교사
きょうじゅ (教授)	교수
かがくしゃ (科学者)	과학자
けいさつ (警察)	경찰

がいこうかん (外交官)	외교관
かいしゃいん (会社員)	회사원
せいじか (政治家)	정치가
こうむいん (公務員)	공무원
ぎんこういん (銀行員)	은행원
けいさつかん (警察官)	경찰관
しょうぼうし (消防士)	소방관
うんてんしゅ (運転手)	운전수
りょうし (漁師)	어부
のうふ (農夫)	농부
ぜいりし (税理士)	세무사
かいけいし (会計士)	회계사
かんごし (看護師)	간호사
はいしゃ (歯医者)	치과의사
いしゃ (医者)	의사
やくざいし (薬剤師)	약사
べんごし (弁護士)	변호사
けんじ (検事)	검사
つうやくし (通訳士)	통역사
ほんやくか (翻訳家)	번역가
けんちくか (建築家)	건축가
きしゃ (記者)	기자
かんこうガイド (観光ガイド)	관광가이드
てんいん (店員)	점원

しゅふ (主婦)	주부
スポーツせんしゅ (スポーツ選手)	운동선수
かしゅ (歌手)	가수
はいゆう (俳優)	배우
じょゆう (女優)	여배우
がか (画家)	화가
さっか (作家)	작가
おんがくか (音楽家)	음악가
げいじゅつか (芸術家)	예술가
マジシャン	마술사
トレーナー	트레이너
バレリーナ	발레리나
ダンサー	댄서
デザイナー	디자이너
アーテスト	아티스트
ピアニスト	피아니스트
スチュワーデス	스튜어디스 (항공기 승무원)
パイロット	파일럿
フリーランサー	프리랜서
ジャーナリスト	저널리스트
プロデューサー	프로듀서
アナウンサー	아나운서
サラリーマン	샐러리맨

1과 매일 아침 몇시에 일어납니까?

아야까·태민: 선생님 안녕하세요.(아침인사)

사토선생님: 그래 안녕. 둘 다 일찍 왔구나. 태민군은 매일 아침 몇시에 일어납니까?

태민: 6시쯤 일어납니다.

사토선생님: 아침 식사는 잘 챙겨먹습니까?

태민: 예 먹습니다.

사토선생님: 아야까상은?

아야까: 저는 먹지 않습니다.

사토선생님: 에? 아무것도 먹지 않습니까?

아야까: 예.

사토선생님: 괜찮습니까?

아야까: 예, 괜찮습니다.

2과 어제 무엇을 했습니까?

태민: 아야까상, 어제 무엇을 했습니까?

아야까: 집에서 친구와 만화책을 봤습니다.

태민: 만화책은 재미있었습니까?

아야까: 예, 매우 재미있었습니다. 태민군은 무엇을 했습니까?

태민: 공원에서 겐지군과 놀았습니다.

아야까: 일본어 공부는 했습니까?

태민: 아니요, 하지 않았습니다. 헤헤헤…….

3과 이 주변에 서점은 있습니까?

태민: 실례합니다. 우체국은 어디에 있습니까?

행인: 우체국이요? 저 쪽에 하얀 건물이 보이지요.

태민: 예.

행인: 그 옆입니다.

태민: 그리고 이 주변에 서점은 있습니까?

행인: 이 주변에는 없지만, 역 근처에 있습니다.

태민: 그렇습니까. 대단히 감사합니다.

행인: 아니요, 천만에요.

4과 불고기를 가장 먹고 싶습니다

태민: 선생님은 어떤 한국요리를 좋아하십니까?

다나카선생님: 한국요리는 뭐든지 좋아합니다. 특히 김치를 좋아합니다.

태민: 흐음, 김치요? 맵지 않습니까?

다나카선생님: 맵지만 맛있습니다.

태민: 아야까상은 한국요리 중에서 무엇을 가장 먹고 싶습니까?

아야까: 저는 불고기를 가장 먹고 싶습니다. 태민군은 일본의 어디에 가고 싶습니까?

태민: 저는 오사카에 가고 싶습니다.

5과 친구에게 메일을 보내고 있습니다

태민: 여보세요?

아야까: 태민군이에요? 아야까입니다.

태민: 아~ 안녕하세요.

아야까: 안녕하세요. 지금 무엇을 하고 있습니까?

태민: 한국 친구에게 메일을 보내고 있습니다.

아야까: 내일 책 읽으러 도서관에 가지 않을래요?

태민: 좋아요. 그럼 오전 11시에 도서관 앞에서 기다리고 있겠습니다.

아야까: 오전 11시이지요. 알겠습니다.

6과 먹어도 됩니까?

태민: 아야까상, 이것은 일본어로 뭐라고 합니까?

아야까: '스이까' 라고 합니다. 누가 사 왔습니까?

태민: 제가요. 어제부터 수박이 먹고 싶어서 사왔습니다.

아야까: 먹어도 됩니까?

태민: 괜찮아요. 드세요.

아야까: 달고 맛있군요. 이 케이크도 먹어도 됩니까?

태민: 미안합니다. 그 케이크는 친구 생일 선물이기 때문에 먹으면 안 됩니다.

7과 집에 돌아오고 나서 어머니에게 전화를 했습니다

사토선생님: 아야까상, 어제는 무엇을 했습니까?

아야까: 어제는 일요일이었기 때문에 늦게 일어났습니다. 세수를 하고 방 청소를 한 다음 친구와 약속이 있어서 외출했습니다.

사토선생님: 태민군은 무엇을 했습니까?

태민: 저는 영화를 보러 갔습니다. 그리고 집에 돌아오고 나서 한국에 계신 어머니께 전화를 했습니다.

사토선생님: 어머님은 안녕하신지요?

태민: 예. 덕분에 잘 계십니다.

8과 과자를 먹으면서 이야기하고 있습니다

다나카선생님: 어머, 태민군! 감기 걸렸어요?

태민: 예. 어제 저녁부터 머리가 아프고 열도 나서…….

다나카선생님: 약은 먹었어요?

태민: 예. 먹었습니다.

다나카선생님: 그럼 일찍 집에 가서 푹 쉬세요. 그런데 아야까상은 어디에 있습니까?

태민: 아야까상은 교실에 있습니다.

다나카선생님: 무엇을 하고 있습니까?

태민: 미카상과 함께 과자를 먹으면서 이야기하고 있는데요…….

9과 0부터 10까지 세어봅시다

다나카선생님: 태민군, 0부터 10까지 세어봅시다.

태민: 영, 일, 이, 삼, 사, 오, 육, 칠, 팔, 구 십.

다나카선생님: 참 잘했어요. 일본어는 어렵습니까?

태민: 아니요. 그다지 어렵지 않습니다. 하지만 한자 읽는 법은 어렵습니다. 선생님, 이 한자 읽는 법을 가르쳐 주세요.

다나카선생님: 이거요? 이것은 '도모다치'라고 읽습니다. 그럼 함께 읽어볼까요?

태민: 예.

10과 초밥을 먹은 적이 있습니까?

사토선생님: 태민군은 초밥을 먹은 적이 있습니까?

태민: 예, 먹은 적이 있습니다.

사토선생님: 일본 애니메이션도 본 적이 있습니까?

태민: 물론 본 적이 있지요. 선생님은 한국의 냉면을 드셔본 적이 있습니까?

사토선생님: 아니요, 먹은 적이 없습니다.

태민: 아야까상은?

아야까: 저는 일본에서 먹은 적이 있습니다. 태민군은 지금 무엇이 갖고 싶습니까?

태민: 디지털 카메라를 갖고 싶습니다.

11과 이를 닦는 편이 좋아요

다나카선생님: 아야까상은 자기 전에 이를 닦습니까?

아야까: 예, 닦습니다.

다나카선생님: 태민군은?

태민: 저는 닦지 않습니다. 헤헤헤…….

아야까: 에엣? 더러워.

다나카선생님: 자기 전에는 이를 닦는 편이 좋아요. 그리고 단 것도 먹지 않는 편이 좋겠지요.

태민: 물론 알고 있지만 귀찮아서요. 헤헤헤…….

12과 김치는 먹을 수 있습니까?

태민: 아야까상은 한국어를 읽을 수 있습니까?

아야까: 네. 조금이라면 읽을 수 있어요.

태민: 에? 정말?

아야까: 태민군이 일본에 오기 전에 조금 공부한 적이 있습니다.

태민: 김치는 먹을 수 있습니까?

아야까: 아니요, 김치는 매워서 못 먹습니다. 태민군은 일본 음식은 뭐든지 먹을 수 있습니까?

태민: 예, 뭐든지 먹을 수 있어요.

아야까: 거짓말!

태민: 정말이에요.

1과

1. 1) 見ます　2) 捨てます　3) 寝ます

2. 1) 起きます　2) 食べますか
3) 食べません　4) 見ますか

3. 1) 朝は主にパンを食べます。
2) わたしは夜10時に寝ます。

2과

1. 1) 食べました　食べませんでした
2) 買いました　買いませんでした
3) 行きました　行きませんでした
4) 待ちました　待ちませんでした
5) 洗いました　洗いませんでした

2. 1) で　2) と

3. 1) (d)　2) (c)

3과

1. 1) A : 病院　B : 駅、病院
2) A : 本屋　B : 学校、本屋

2. 1) います　2) あります
3) います　4) あります

4과

1. 1) テレビ、見たい
2) 本、読みたい
3) 人形、買いたい
4) うどん、食べたい

2. 1) A : 動物の中で何が一番好きですか。
B : くまが一番好きです。
2) A : 野菜の中で何が一番嫌いですか。
B : にんじんが一番嫌いです。
3) A : 果物の中で何が一番好きですか。
B : いちごが一番好きです。
4) A : 飲み物の中で何が一番好きですか。
B : ジュースが一番好きです。

5과

1. 1) 買って　2) 持って　3) 飛んで
4) 飲んで　5) 走って　6) 死んで
7) 寝て　8) 入って　9) 洗って
10) 行って

2. 1) 起きて　2) 食べて、見て
3) もらって

3. 1) 読んで　2) 行きませんか
3) 飲んで　4) 買いに

6과

1. 1) 閉めても　2) 書いても
3) 失礼しても　4) 踊っても
5) 帰っても

2. 1) で　2) ので　3) だめ
4) まで　5) に

7과

1. 立つ ⇒ 立った　送る ⇒ 送った
走る ⇒ 走った　読む ⇒ 読んだ
遊ぶ ⇒ 遊んだ　飲む ⇒ 飲んだ
書く ⇒ 書いた　泳ぐ ⇒ 泳いだ
行く ⇒ 行った　食べる ⇒ 食べた
見る ⇒ 見た　来る ⇒ 来た
する ⇒ した

2. 1) 宿題をしてから、テレビを見ました。
2) 本を読んでから、音楽を聞きました。
3) 手紙を書いてから、お風呂に入りました。
4) メールを送ってから、出かけました。

8과

1. 1) コーヒーを飲みながら新聞を読んでいます。

2) お菓子を食べながら手紙を書いています。
3) ゆっくり歩きながら友達と話しています。

2. 1) 痛くて　2) よくて
3) 広くて　4) 痛くて

3. 1) 書いてください。
2) 読んでください。
3) 飲んでください。

9과

1. 1) d　2) e　3) b
4) c　5) a

2. 1) 行きましょう。
2) 休みましょう。
3) 行きましょう。

10과

1. 1) はい、ジェットコースターに乗ったことがあります。
いいえ、ジェットコースターに乗ったことがありません。
2) はい、居眠りしたことがあります。
いいえ、居眠りしたことがありません。
3) はい、日本の歌を歌ったことがあります。
いいえ、日本の歌を歌ったことがありません。

2. 1) 日本のまんがを読んだことはありませんが、アニメを見たことはあります。
2) 日本のドラマを見たことはありませんが、映画を見たことはあります。

11과

1. 1) 買わない　2) 食べない
3) 読まない　4) 飲まない
5) 見ない

2. 1) 体の調子がよくないから休んだ方がいいです。
2) 動きすぎだからぐっすり寝た方がいいです。
3) 風邪を引いたからお風呂に入らない方がいいです。
4) あのスーパーは高いから買わない方がいいです。

12과

1. 1) ②, ③　2) ③
3) ②　4) ①

2. 1) 読めます / 読むことができます
2) 読めますか / 読むことができますか
3) 辛くて食べられません
食べることができません
4) 弾けませんが / 弾くことができませんが
5) 借りられません
借りることができません

1과

1. 다음 대화를 잘 듣고 내용과 일치하는 시각을 선으로 연결하세요.

男：あやかさん、あやかさんは、朝何時に起きますか。
女：６時ごろ起きます。
男：６時ですか。早いですね。夜は何時に寝ますか。
女：11時ごろです。
男：そうですか。ねむくありませんか。
女：はい、大丈夫です。
男：朝ごはんはちゃんと食べますか。
女：はい、ちゃんと食べます。
男：何時ごろ食べますか。
女：毎朝７時に食べます。
男：学校は何時からですか。
女：９時からです。

답] (1) 6時　(2) 7時　(3) 9時　(4) 11時

2. 다음 대화를 잘 듣고 아침에 무엇을 먹는지 선으로 연결하세요.

テミン：田中先生、おはようございます。
田中：あら、テミン君、あやかさん、おはよう。テミン君は朝、何を食べますか。
テミン：ぼくはパンとジュースです。朝は忙しいですから。
田中：そうですか。あやかさんもパンですか。
あやか：いいえ、私は朝ごはんは食べません。りんごだけです。
田中：大丈夫ですか。私は、ちゃんと食べますよ。

답] (1) (d)　(2) (c)　(3) (b)

2과

1. 대화를 잘 듣고 아야카상이 지난 일요일에 한 내용에는 O, 하지 않은 내용에는 ×를 쓰세요.

男：あやかさんは、先週の日曜日、朝、何時に起きましたか。
女：７時ごろです。
男：それから、何をしましたか。
女：それから、うちの犬といっしょに散歩をしました。
男：午前中は勉強しましたか。
女：いいえ、勉強はしませんでした。
男：じゃ、何をしましたか。
女：テレビを見ました。
男：新聞は読みましたか。
女：いいえ、読みませんでした。
男：そうですか。午後は何をしましたか。
女：友達とレストランで昼ごはんを食べました。それから、映画を見ました。
男：映画はおもしろかったですか。
女：ええ、とてもおもしろかったです。
男：よかったですね。
女：ええ、映画の後、デパートでくつを買いました。
男：あ、このくつですね。かわいいですね。
女：ありがとう。

답] (1) O　(2) ×　(3) ×
(4) O　(5) ×　(6) O
(7) O　(8) ×　(9) O

2. 대화를 듣고 질문의 답을 그림에서 선택하세요.

女：テミン君、きのう何をしましたか。
男：きのうは、家で勉強をしました。
女：日本語の勉強ですか。
男：はい、そうです。あさってテストですから。
女：そうですか。大変ですね。
男：ええ、でもおもしろいです。あやかさんも、きのう勉強をしましたか。

女：いいえ、勉強はしませんでした。家で本を読みました。

男：本ですか。どんな本ですか。

女：日本の小説です。おととい、本屋で買いました。

男：そうですか。ぼくも、おととい、本屋で本を買いましたよ。

女：日本語の本ですか。

男：いいえ、日本語の本は買いませんでした。まんがを買いました。

답] (1) c

(2) あやかさん (c)　　テミン君 (b)

3 과

1. 다음 대화를 듣고 그림과 맞으면 O, 틀리면 ×를 쓰세요.

(1) 男：かばんはどこにありますか。

女：かばんですか。かばんは、テレビの前にありますよ。

(2) 女：すみません。犬はどこにいますか。

男：ベッドの上にいます。

(3) 男：すみません。日本語の本はどこにありますか。

女：机の引き出しの中です。

(4) 女：新聞はどこにありますか。

男：新聞ですか。ベッドの下にありますよ。

(5) 男：すみません。ねこはどこにいますか。

女：テーブルの下にいます。

답] (1) O　　(2) ×　　(3) ×

(4) ×　　(5) O

2. 다음 대화를 잘 듣고 그림에서 선택하세요.

(1) 男：あやかさん、あやかさんの家は学校の近くですか。

女：はい、そうです。私の家の近くには、公園もあります。

男：そうですか。じゃ、郵便局の隣ですか。

女：はい、そうです。私の家は学校の後ろにあります。

(2) 女：すみません。テミン君はどこにいますか。

男：テミン君ですか。テミン君は、あやかさんの右にいますよ。

女：そうですか。どうもありがとうございました。

(3) 男：田中先生の本は、どこにありますか。

女：テーブルの上です。

男：そうですか。

女：あ、すみません。テーブルの上じゃありません。

男：じゃ、どこにありますか。

女：机の引き出しの中にありますよ。

男：引き出しの中ですね。

(4) 女：テミン君のねこはどこにいますか。

男：ぼくのねこは、えー、車の下にいます。

女：ああ、あのねこですか。

답] (1) a　(2) d　(3) b　(4) d

4 과

1. 다음 대화를 잘 듣고 무엇을 제일 원하고 있는지 선으로 연결하세요.

(1) 男：あやかさんは、何が食べたいですか。

女：そうですね。ハンバーガーが食べたいです。

男：ぼくも食べたいです。

(2) 男：田中先生は、今、何がしたいですか。

女：本屋へ行きたいです。

男：本屋ですか。

女：はい、日本語の本が買いたいです。

(3) 女：テミン君は、海が好きですか。山が好きですか。

男：ぼくは、海が好きだけど、今日は山へ行きたいです。

女：山ですか。いいですね。私も好きです。

(4) 男：佐藤さんは、何がしたいですか。

女：旅行がしたいです。

男：ぼくも旅行が大好きです。お金はないけど。

女：私もですよ。でも、その前に、デジカメが買いたいです。

(5) 女：原田君は食べ物の中で何が一番好きですか。

男：ぼくは何でも好きです。

女：じゃ、今何が食べたいですか。

男：そうですね。ピザも食べたいけど、コーラが飲みたいです。

답] (1) a (2) b (3) g (4) e (5) d

2. 다음 대화를 잘 듣고 그림과 일치하면 O, 틀리면 ×를 쓰세요.

(1) 男：あやかさんは、何がしたいですか。

女：映画館へ行きたいです。

男：映画館ですか？

女：ええ、おもしろい映画が見たいです。

男：ぼくも見たいです。来週の土曜日、一緒にどうですか。

女：いいですね。

(2) 女：テミン君は外国語の中で何が一番勉強したいですか。

男：そうですね。ちょっと難しいけど、中国語です。

女：あ、日本語じゃありませんね。

男：はい、日本語も勉強したいけど、今は、中国語です。

(3) 男：田中先生、先生は、何がしたいですか。

女：そうですね。アメリカへ行きたいです。

男：アメリカ、いいですね。でも、ぼくは、日本へ行きたいです。

女：日本もいいですよ。

(4) 女：原田君は、食べ物の中で何が一番好きですか。

男：ぼくは、何でも好きです。

女：じゃ、今、何が食べたいですか。

男：今ですか。今は、ピザが食べたいです。

女：ハンバーガーはどうですか。

男：ハンバーガーですか。ハンバーガーは、今は、あまり食べたくありません。

(5) 男：佐藤さんは、何が買いたいですか。

女：たくさんありますが、くつが買いたいです。

男：どんなくつですか。赤くて、かわいいくつですか。

女：いいえ、黒くてかわいいくつが買いたいです。

(6) 女：天気がいいですね。どこへ行きたいですか。

男：そうですね。

女：海はどうですか。

男：海は、ちょっと……。

女：じゃ、山はどうですか。

男：山ですか。いいですね。山へ行きたいです。

답] (1) O (2) × (3) O (4) × (5) × (6) O

5 과

1. 다음 대화를 잘 듣고 어느 학생인지 그림에서 선택하세요.

男：田中先生、ここが、ぼくたちの教室です。

女：そうですか。広くて、明るいですね。生徒もたくさんいますね。あやかさんは、何をしていますか。

男：あやかさんは、本を読んでいます。

女：じゃ、テミン君は何をしていますか。

男：テミン君は、新聞を読んでいます。

女：原田君は、何を飲んでいますか。

男：原田君ですか。コーラを飲んでいます。

女：歌が上手ですね。誰が歌っていますか。

男：山田君ですよ。山田君は、歌がとても上手で、みんなに人気があります。

女：そうですか。ところで、佐藤さんと山本君がいませんね。

男：いますよ。佐藤さんは、あそこで、勉強しています。それから、山本君は……、あ、あそこにいます。あそこで、寝ていますよ。

女：あ、本当ですね。

답] あやか (c)　　テミン (d)
原田 (l)　　山田 (j)
佐藤 (a)　　山本 (h)

2. 대화를 듣고 대화내용과 맞으면 O, 틀리면 ×를 쓰세요.

男：もしもし。

女：もしもし。あ、テミン君、こんにちは。

男：こんにちは。あやかさん、きのう何をしましたか。

女：きのうですか。きのうは、映画を見に行きました。

男：そうですか。今日は何をしますか。

女：今日は友達が遊びに来ます。あ、テミン君も遊びに来ませんか。一緒にビデオを見ませんか。

男：いいですね。金さんも一緒にいいですか。

女：いいですよ。

男：じゃ、金さんに電話をして、2時ごろあやかさんの家へ行きます。

女：はい、じゃ、友達と待っています。

답] (1) ×　　(2) ×　　(3) O
(4) O　　(5) O　　(6) ×

6 과

1. 대화를 잘 듣고 어떤 행동을 해야 하는지 선택하고 O를 쓰세요.

(1) 男：うわ！すてきな絵ですね。

女：本当ですね。とてもきれいです。

男：一緒に写真を撮りませんか。

女：だめです。ここでは写真を撮ってはいけませんよ。

男：じゃ、外では撮ってもいいですか。

女：ええ、いいですよ。

(2) 女：このケーキ、誰が買って来ましたか。

男：きのう、ぼくが買って来ました。

女：食べてもいいですか。

男：どうぞ。きょうはあやかさんの誕生日なので買って来ました。

女：ありがとうございます。

(3) 女：このジュース、誰のですか。

男：金さんのですよ。

女：そうですか。

男：でも、飲んでもいいですよ。

女：本当ですか。じゃ、いただきます。

(4) 男：暑いですね。

女：そうですね。今日はちょっと暑いですね。

男：窓を開けてもいいですか。

女：外がうるさいので、窓を開けてはだめです。

男：そうですか。分かりました。

(5) 女：これ、誰のまんがですか。

男：あ、すみません。ぼくのです。

女：明日はテストですよ。まんがを読んではいけません。

男：このまんがを読んで、勉強します。

女：だめです。

(6) 男：この映画見ませんか。

女：この映画ですか。いいですね。

男：チケット２つください。

女２：すみません。この映画は、中学生は見てはいけませんよ。

男：え？　そうですか。じゃ、高校生は見てもいいですか。

女２：高校生は大丈夫です。

男：じゃ、ぼくは高校生じゃないので、だめですね。

女２：ええ。

답] (1) b　(2) a　(3) a
(4) b　(5) b　(6) b

2. 대화내용을 잘 듣고 선으로 연결하세요.

(1) 女：テミン君、風邪ですか。

男：ええ、風邪を引いているので、今日は家で休みます。

(2) 男：あやかさん、これから友達とケーキを食べに行きますが、一緒に行きませんか。

女：ありがとうございます。でも、きのうからケーキが食べたかったので、買って来ました。

男：そうですか。

(3) 男：きのうはとても寒かったですね。

女：そうですか。私は大丈夫でしたけど。

男：ええ？ 本当ですか。ぼくはとても寒かったので、コートを着ましたよ。

답] (1) b　(2) c　(3) f

7과

1. 대화를 잘 듣고 어떤 순서였는지 번호를 쓰세요.

(1) 男：あやかさんは、今日何時に起きましたか。

女：今日は、とても早く起きました。5時です。

男：え！？ 5時ですか。本当に早いですね。

女：久しぶりに早く起きたので、公園を散歩しました。

男：朝の公園はどうでしたか。

女：とてもよかったですよ。公園を散歩してから、家へ帰って、新聞を読みました。

男：あやかさんは、毎朝、新聞を読みますか。

女：いいえ、いつもは、時間がないので読みません。でも、今日は時間がありましたから。

男：そうですか。新聞を読んでから朝ご飯を食べましたか。

女：いいえ、新聞を読んで、バナナを食べたので、朝ご飯は食べませんでした。

男：ええ？ 大丈夫ですか。

女：はい、でも、1時間ぐらい勉強をしてから、お腹が空いたので、ラーメンを食べました。

(2) 女：テミン君はきのう何をしましたか。

男：朝、部屋の掃除をしてから、友達と映画を見に行きました。

女：おもしろかったですか。

男：はい、とてもおもしろかったです。映画を見てから、友達と昼ごはんを食べて、家に帰りました。

女：そうですか。ところで、明日はテストですね。

男：ええ、それで、昨日は家に帰ってから、勉強をしました。

女：夜遅くまで勉強しましたか。

男：いいえ、お風呂に入って、早く寝ました。

답] (1) (a) 2　(b) 6　(c) 5　(d) 3　(e) 1　(f) 4
(2) (a) 2　(b) 4　(c) 1　(d) 6　(e) 5　(f) 3

8과

1. 다음 대화를 잘 듣고 누구인지 그림에서 찾아 보세요.

女：金さん、金さんはきのう何をしましたか。

男：きのうは、家にいました。家でお菓子を食べながらテレビを見ました。

女：そうですか。田中さんは何をしましたか。

男：ぼくも同じですよ。ぼくも家でゆっくりお茶を飲みながら、テレビを見ました。

女：佐藤さんも、きのう家にいましたか。

男：いいえ、ぼくはきのう、友達に会って、お茶を飲みながら話をしました。

女：そうですか。山本さんは明日テストですね。勉強しましたか。

男：ええ、明日テストなので、音楽を聞きながら勉強しました。

女：あ、朴さんも明日テストですね。

男：はい、そうです。でも、ぼくは、歌のテストですから、勉強はしませんでした。公園を散歩しながら歌の練習をしました。

답] (1) a　(2) g　(3) c　(4) h　(5) f

2. 대화를 잘 듣고 질문의 답이 그림과 맞으면 O, 틀리면 ×를 쓰세요.

[病院で]

医者：どうしましたか。

女：ゆうべから、頭が痛くて熱もあって……。

医者：咳は 出ますか。

女：いいえ、咳は出ませんが、喉が痛いです。鼻水も少し出ます。

医者：風邪ですね。薬を飲んでゆっくり休んでください。

女：はい。薬はいつ飲みますか。

医者：薬は、朝・昼・晩、食後に飲んでください。それから、薬は、水で飲んでください。

女：はい、わかりました。お風呂には入ってもいいですか。

医者：はい。暖かいお風呂に入って、体を暖かくして、早く寝てください。

女：はい、ありがとうございました。

医者：じゃ、明日、また来てください。

답] (a) ×　(b) O　(c) O　(d) ×　(e) O　(f) O　(g) ×　(h) ×

9과

1. 다음 대화를 잘 듣고 질문의 답을 그림에서 찾아보세요.

男：あやかさん、明日、時間ありますか。

女：ええ、ありますよ。

男：一緒に映画を見に行きましょうか。

女：映画ですか。映画もいいですが、来週テストですから、一緒に勉強しませんか。映画は、テストが終わってから見ましょう。

男：ええ、いいですよ。ぼくは来週、日本語のテストですから、あやかさん、漢字の読み方を教えてくださいね。

女：はい、わかりました。じゃ、図書館の前で明日2時に会いましょうか。

男：10時はどうですか。明日の午後は約束がありますから。

女：いいですよ。図書館の前で10時ですね。

男：昼ごはんは日本のラーメンを食べてみたいです。

女：日本のラーメンですか。いいですよ。食べましょう。

답] (1) a　(2) b　(3) c　(4) d

2. 다음 대화를 잘 듣고 맞으면 O, 틀리면 ×를 쓰세요.

男：あやかさん、誕生日おめでとう。

女：ありがとう。

男：はい、これ、プレゼントです。

女：わあ！ありがとう。何ですか。

男：開けてみてください。

女：開けてみてもいいですか。

男：ええ、もちろんですよ。どうぞ。

女：まあ、かわいいかばんですね。

男：それから、これも食べてみてください。

女：何ですか。

男：韓国のおもちです。

女：あまり甘くなくておいしいですね。
　テミン君も一緒に食べましょう。

男：ありがとう。

답] (1) ×　(2) O　(3) O　(4) ×

10 과

1. 대화를 잘 듣고 무엇을 갖고 싶은지 그림을 연결하세요.

(1) 男：あやかさんは、今何がほしいですか。
　女：今、ピアノを習っているので、ピアノがほしいです。
　男：ピアノですか。ぼくも習ってみたいです。
　女：じゃ、一緒に習いましょうか。
　男：え？ そうですね。考えてみます。

(2) 女：テミン君は何がほしいですか。
　男：ぼくは、ケータイがほしいです。
　女：テミン君はケータイを持っていませんか。
　男：持っていますが、古くてあまりよくありません。
　女：そうですか。

(3) 女：原田君、夏休みにどこへ行きますか。
　男：日本へ行きます。
　女：わあ、いいですね。じゃ、写真をたくさん撮って来てください。
　男：ぼくも写真を撮りたいですが、カメラがなくて……。
　女：そうですか。原田君は今何がほしいですか。
　男：お金です。買いたいものがたくさんありますから。

(4) 男：佐藤さんはいま何が一番ほしいですか。
　女：家にコンピューターがありますが、いつも父が使っているので、私のコンピューターがほしいです。
　男：ぼくもですよ。ぼくの家でも、いつも兄が使っています。

답] (1) f　(2) a　(3) b　(4) e

2. 대화를 잘 듣고 경험이 있으면 O를, 없으면 ×를 쓰세요.

テミン：原田君は、アメリカへ行ったことがありますか。

原田：はい、行ったことがあります。テミン君は？

テミン：ぼくもあります。

原田：そうですか。あやかさんは？

あやか：私は、ありません。でも、今、英語の小説を読みながら、英語を勉強しているので、来年には行ってみたいです。

テミン：へえ。英語の小説を読みながら英語の勉強ですか。難しくありませんか。

あやか：ええ、おもしろいですよ。テミン君も読んでみてください。

テミン：はい、分かりました。原田君も英語の小説を読んだことがありますか。

原田：いいえ、英語の小説は読んだことがありません。でも、今、中国語を習っているので、中国語の本は読んだことがあります。

あやか：中国語ですか。あ、テミン君も中国語を習っていますね。

テミン：いいえ、ぼくじゃなくて山田君ですよ。ぼくは習ったことがありません。あやかさんは？

あやか：私は少し習ったことがあります。
　でも、難しかったので、今は習っていません。

답]

 (1) あやか	×	○	○
 (2) テミン	○	×	×
 (3) 原田	○	×	○

11 과

1. 대화를 잘 듣고 무엇을 하는 것이 좋은지 그림에서 찾아보세요.

(1) 女：テミン君、明日テストですね。何のテストですか。
　男：日本語のテストです。
　女：勉強はしましたか。
　男：ええ、でも、漢字が難しくて……。
　女：今日は何をしますか。
　男：今日は、英語の勉強をします。
　女：え？ 明日は日本語のテストですから、漢字の勉強をした方がいいですよ。一緒に勉強しましょう。
　男：はい、わかりました。

(2) 男：あやかさん、風邪ですか。
　女：ええ、昨日から、頭が痛くて……。
　男：大丈夫ですか。薬は飲みましたか。
　女：ええ。
　男：今日は早く寝た方がいいですよ。
　女：ええ、でも、宿題があって……。
　男：でも、今日はゆっくり休んでください。
　女：はい、そうします。

(3) 男：ここが図書館ですか。静かですね。本もたくさんありますね。
　女：ええ。
　男：ここで勉強してもいいですか。
　女：もちろんですよ。勉強しましょうか。
　男：いいえ、今日は本が読みたいです。
　女：じゃ、本を読みましょう。本はたくさん読んだ方がいいですから。

(4) 男：お腹がすきましたね。何か食べましょうか。
　女：え？ 夜10時ですよ。
　男：ええ、一緒にラーメンでも食べませんか。
　女：私は、ちょっと……。テミン君も夜、あまり食べない方がいいですよ。
　男：そうですね。
　女：牛乳はどうですか。牛乳を飲みましょう。
　男：じゃ、そうします。

답] (1) b　(2) c　(3) a　(4) d

2. 대화를 듣고 하는 편이 좋은 일에는 O, 하지 않는 편이 좋은 일에는 ×를 쓰세요.

[病院で]

医者：風邪ですね。薬を飲んでゆっくり休んでください。
女：学校には行ってもいいですか。
医者：はい。でも、運動はしないほうがいいです。それから、早く家に帰って休んでください。
女：わかりました。お風呂には入ってもいいですか。
医者：きょうは、お風呂に入らない方がいいですよ。それから果物はたくさん食べた方がいいですよ。でも冷たいものは食べない方がいいです。
女：はい、わかりました。

답] (1) ×　(2) ×　(3) O　(4) ×

12 과

1. 대화를 잘 듣고 할 수 있으면 O, 없으면 ×를 쓰세요.

(1) 男：あやかさんはキムチを食べることができますか。
女：キムチですか。キムチは辛くて食べられません。
男：じゃ、冷麺はどうですか。
女：冷麺は辛くないので、食べられます。
男：そうですか。韓国語は読めますか。
女：はい。少しなら読めます。
でも、書くことはできません。
男：韓国語は難しいですか。
女：ええ、難しいです。

(2) 女：テミン君、日本語はどうですか。
男：日本語は難しいですね。
女：カタカナと漢字は読めますか。
男：カタカナは読めますが、漢字は読めません。
女：じゃ、新聞は読めませんか。
男：ええ、新聞は、漢字が多くて読むことができません。
女：日本の食べ物はどうですか。
何でも食べられますか。
男：ええ、何でも食べることができますが、納豆は食べられません。

답] (1) (a) × (b) O (c) O (d) ×
(2) (a) O (b) × (c) × (d) ×

2. 다음 대화를 듣고 각각 어떤 것을 할 수 있는지 선으로 연결하세요.

あやか：来月、文化祭ですね。私たちも何かしましょう。
テミン：そうえすね。何がいいですか。
あやか：テミン君は何ができますか。
テミン：ぼくは、何もできません。あっ、山田君が、ギターが上手ですよ。
山田：少しならひけますよ。テミン君は歌が上手じゃないですか。
テミン：日本の歌は歌えませんが、韓国の歌は歌うことができます。
あやか：じゃ、韓国の歌のコンサートをしましょうか。
テミン：いいですよ。あやかさんとボラさんは何ができますか。
ボラ：じゃ、私は、ピアノをひきます。
テミン：ピアノがひけますか。すごいですね。
ボラ：あまり上手じゃありませんよ。
テミン：じゃ、山田君がギターをひいて、ボラさんがピアノをひいて、ぼくが歌って……。
あやかさんは何ができますか。
あやか：そうですね。ダンスでも踊りましょうか。
テミン：うわ！ あやかさん、踊れますか。
あやか：ええ、ダンスを習ったことがあるので……。
テミン：じゃ、練習しましょう。

답] (1) f (2) a (3) d (4) c

[1과 · 2과]

1. ① 2. ② 3. ②

4. ② 5. ③ 6. ③

7. が → と(一緒に)

8. ます → です

9. ふきましたね → ふりましたね

10. 日本語勉強 → 日本語の勉強

[3과]

1. ② 2. ④ 3. ③ 4. ①

5. A: いますか | B: 下、います

6. A: ありますか | B: 上、あります

7. ④ 8. ① 9. ③ 10. ②

[4과]

1. ③ 2. ④ 3. ② 4. ① 5. ③

6. ④ 7. ③ 8. ④ 9. ① 10. ①

[5과]

1. ③ 2. ① 3. ① 4. ② 5. ③

6. ③ 7. ④ 8. ④ 9. ④ 10. ②

[6과]

1. ④ 2. ④ 3. ① 4. ② 5. ④

6. ① 7. ① 8. ② 9. ④ 10. ②

[7과 · 8과]

1. ③ 2. ④ 3. ③ 4. ④

5. おかげさまで(元気です)

6. 大きく

7. ところで

8. 昨日母と一緒に散歩をしてから、お風呂に入りました。

9. 用事があったので、早く帰りました。

10. みかちゃんはピアノを弾きながら歌を歌っています。

[9과 · 10과]

1. ② 2. ② 3. ③ 4. ①

5. 일본어는 한자 읽는 방법이 어렵습니다.

6. 아무쪼록, (맛있게) 드십시오.

7. ③ 8. ②

9. 1階から5階まではデパートです

10. おすしを食べたことがありますか

[11과 · 12과]

1. キムチは食べない

2. 月曜日には忙しくて休まない

3. 図書館では話さない

4. お酒は飲まない

5. タバコは吸わないほうがいい。

6. この映画はみたほうがいい。

7. 夜遅くおやつは食べないほうがいい。

8. 図書館へ行ったほうがいい。

9. わたしは漢字を読むことができる

10. この夏休みには米国へ行くことができる

11. ピアノを弾くことができる

12. この歌を上手に歌うことができる

13. もの → こと

14. を → が

15. 読みられます → 読めます

あ

い

う

え

お

か

き

く

MEMO

MEMO

MEMO

점선을 오려서 사용하세요

동사카드

※ 게임을 할 때 사용합니다

勉(べん)強(きょう)する		見(み)る
	着(き)る	
脱(ぬ)ぐ		(歯(は)を)磨(みが)く
	食(た)べる	

起(お)きる

寝(ね)る

捨(す)てる

泳(およ)ぐ

立(た)つ

座(すわ)る

乗(の)る

降(お)りる

待(ま)つ

歌(うた)う

(電話(でんわ)を)かける

洗(あら)う

笑(わら)う

泣(な)く

聞(き)く

読(よ)む

飲(の)む

書(か)く

撮(と)る

歩(ある)く

遊(あそ)ぶ

死(し)ぬ

開(あ)ける

閉(し)める

運(はこ)ぶ

走(はし)る

入(はい)る

出(で)る

切(き)る

おどる

踏(ふ)む

買(か)う

飛(と)ぶ

登(のぼ)る

話(はな)す

送(おく)る

休(やす)む

教(おし)える

おこ
怒る

(シャワーを)
あ
浴びる

(ピアノを)
ひ
弾く

か
勝つ

ま
負ける

あ
会う

な
投げる

降(ふ)る

(タバコを)吸(す)う

急(いそ)ぐ

作(つく)る

押(お)す

引(ひ)く

ける

咲(さ)く